イラストで見る台湾屋台と露店の図鑑

日用品から懐かしい味や遊びまで

鄭《ジョン》開《カイ》翔《シアン》〔絵・文〕
出雲阿里〔訳〕

百攤台灣：100個攤販，100種台味生活的方式！

目次

自転車の屋台

バイクの屋台

トラックの屋台

PART 2 営業場所が決まっている露店

商品を地面に広げる露店

机と椅子の露店

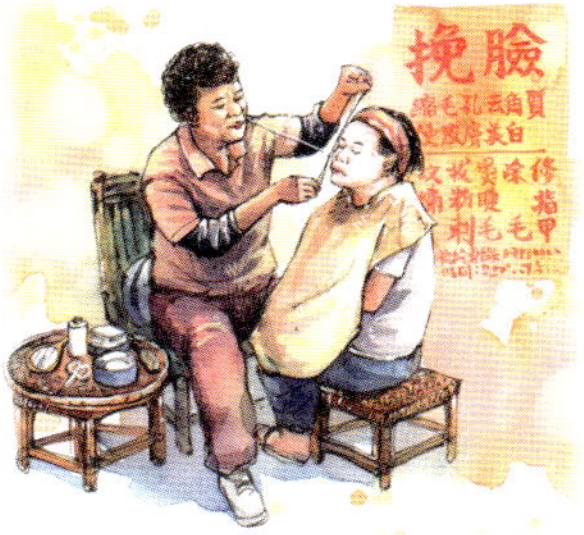

複合型の屋台

PART 3 忘れられない時間

懐かしい遊び

季節限定の露店

PART 4 露店が集まり市場となる

後書き

前書き

生存のための一角に、生活の営みと輝きを見る

「アーバンスケッチ」を始めてから、日々の生活における事柄には、大小問わず何でも興味を持つようになった。そうして対象に入り込んでよく観察すると、そこから面白いものを発見できることがある。私が市井の人々の生活から面白い場面を切り取ることができたのも、対象をありのまま「受けとめる」という気持ちをいつも忘れずにいたからだと思う。

私はずっと、このような一見平凡に見える人々の生活の様子を、夢中になって記録してきた。私にとって、これこそが台湾らしい風景なのだ。かつて、ある挿絵の仕事を引き受けたときに、依頼主から街角の移動露店を描かないようにと求められたことがある。それらの露店が厳密には「法律違反」であり、その姿を描くことで「それとなく奨励」していると思われるのもよくないからというのがその理由だった。私にも依頼主の懸念は理解できたが、露店を営む人たちのことを思うと複雑な気持ちになった。市井の風景で観光客を呼び込もうとしているのに、彼らの存在を否定しなくてはならないのはなぜだろう？　このモヤモヤした気持ちへの答えはすぐには見つからなかったものの、これが本書を著す動機の一つともなった。

露店は、移動のために携帯物を最小限にする必要がある一方で、客を引きつけるためには、できる限り品揃えが豊富で視覚効果の高い店にしなければならない。個々の露店には店主の美観や工夫が反映され、まるで移動する立体芸術作品のようだ。

前作『台湾 路地裏名建築さんぽ』（エクスナレッジ）では、街歩き中に発見した面白い建物をスケッチに残した。不規則に重なり合った建物は、典型的な「美しさ」とはかけ離れているかもしれないが、その豊富で多彩なたたずまいや外観、素材から、台湾の市井の生活が透けて見えると思う。本書『イラストで見る　台湾　屋台と露店の図鑑』も、初めは同じ動機から描き始めたので、当初はカラフルな看板や、珍しい改造車のデザインなど、街角で強烈に放たれる「台湾らしい」外観に目を奪われることが多かった。だが、対象に深く入り込んで観察を続けるうち、私は次第に、そうした風景に自分自身の感情を

投影するようになっていった。

露店は人々の生活とより密接に関わっているため、店のデザインだけでなく、陳列に隠された工夫、宣伝文句の妙、列に並ぶ人々の様子などを観察する楽しみもある。知らず知らず、スケッチの重点は露天商と客との関わりの瞬間を切り取ることに移っていき、露天商が一生懸命に働く姿、客との希望と喜びに満ちた関係、そして自分自身の忘れられない思い出を記録したいと強く願うようになった。それが、本書が前作とは大きく異なる点だと思う。

私が台北《たいほく》の大学に通っていた二〇〇〇年頃、台北駅のそばにある陸橋の上では、地べたに革のトランクを広げ、腕時計などを売る人たちをよく見かけた。小説『歩道橋の魔術師』（呉明益《ウミンイー》著、白水社）の魔術師のように「革のトランク一つ」で営業するスタイルは、まるで遊牧民族のように荷物一つでどこへでも行ける、最も簡便な移動販売の形態だ。警察の取り締まりに遭えばトランクを畳んで逃げることもできるし、機動性は充分だ。

幼い頃の昼下がり、よく家の前を豆花《ドウファ》の屋台が通り、「豆花〜、豆花〜、おいしい豆花だよ〜」というスピーカーの音が遠くからでもよく聞こえた。あの頃、祖母はいつもできたての豆花を買ってくれた。売り声のスピーカーの音の記憶が、豆花の香ばしいキャラメルの味や祖母の優しい笑顔の記憶と密接に結びついているからであろう。豆花の平凡な味を、いつでも鮮明に思い出せる。

だが革のトランクの露店であれ、豆花の屋台であれ、近年では法律遵守や環境保護の意識が高まり、また、外食のデリバリーサービスの普及も後押しとなって、多くの露店や屋台が営業スタイルを変化させている。以前は街角でよく見かけた露店や屋台が次々と姿を消し、写真や私たちの記憶の中だけの存在になりつつある。

私の作品には、そこかしこに「別れを惜しむ」気持ちが滲《にじ》んでいると思う。台湾らしい輝きに満ちた記憶を、絵を描くことで記録したい。人間の温かさを感じさせる屋台の売り声は、一般的な「美」の殿堂には入れないかもしれないが、故郷からどれほど遠く離れても、いつも恋しく思い出される。

あなたにもありますか？
幼い頃の思い出を呼び覚ましてくれる、
あの味や、あの声が。

入門編

台湾の露店を見つめて

POINT 1

本書の構成

「露店」といえば、通常は戸外の街角、広場、市場などの公共空間に設置される小型の商店を指すことが多い。その多くは移動式の屋台であり、食べ物、ハンドメイド作品、家庭用品など、取り扱う商品は様々だ。経営者の多くは自営業で、規模は小さく、使用する設備や器具も簡便であることが多い。あらゆる面で融通が利き、市場の変化にもスピーディに対応できる柔軟な経営スタイルが特徴だ。

一方、「店舗」といえば、通常は建物内で営んでいる商店を指す。場所が固定され、経営規模も大きく、より豊富な資金が必要で、より複雑な設備を使用することが普通であるため、営業スタイルも固定的で、守るべき法律や衛生基準も多くなりやすい。

露店や屋台の種類や業種は多岐にわたるため、それらをどう定義し、取捨選択し、分類すべきかということが、創作初期に最も頭を悩ませた点である。何度も考えた結果、「露店は最低限、販売者がいれば成立する」という考え方に行きつき、これを出発点として、簡単なものから複雑なものへという順番で、露店や屋台の形式を分類することにした。その際に、なるべく代表的な業種を選び、記録の対象とするよう心がけた。

PART1は「移動しながら売る」と題し、移動手段を切り口として、最も簡単な手持ちの立ち売りから始めて、手押し車、自転車、より動力のあるバイク、トラックの順で、屋台がいかに移動手段を利用し、商品を積み、「行動的」なビジネスを展開しているのかを観察する。

PART2は「営業場所が決まっている露店」と題し、決まった場所で営業する露店や屋台を紹介する。地べたに一枚の布を敷くだけの店から、陳列棚や看板を加えたもの、さらには机や椅子、機械などを加え、より規模を大きくした屋台もある。

PART3は、「忘れられない時間」と題して「懐かしい遊び」の露店を紹介し、幼き日の私のこうした娯楽施設への思い入れを語らせてもらった。また、季節の祭りなど特定の時期にのみに現れるタイプの露店もこちらで紹介する。

PART4は、「露店が集まり市場となる」と題し、屋台が集まって作られた、様々な市場の特色を描いた。特に五種類の市場を題材として選び、歩行者が画面の中央、屋台がその両側に広がる構図で、「絵の中に入り込んだ」ような視覚効果を狙った。五種類ともあえて同じ構図で描いたので、それぞれの雰囲気、美観、客層などの違いを感じ取ってもらえると思う。屋台の特色を観察し、このような市場が形成された理由を考察してみれば、私たちの生活するこの場所をよりよく理解できるかもしれない。

本書が、台湾の露店を分類してその様相を記録するにとどまらず、皆さんが台湾の様々な露店を知るきっかけになれば、とても嬉しい。台湾には多くの心動かされる文化があり、本書に収録しきれなかったものの中にも、たくさんの素晴らしい宝物がある。私が取りこぼした宝物については、どうか読者の皆さんに見つけてほしい。

POINT 2 鑑賞のポイント

露店は、私たちの生活を取り巻く様々な場所で見られる商業スタイルだ。建築物、道路といった固定施設を真っ白な画布に見立てると、屋台はさながら画布に飛び散った絵の具のように、街のあちこちに散在し、無機質で冷たい都市の風景に温かな「色彩」を与え、台湾独特の生活感をもたらしている。

これらの露店を鑑賞する面白さはどこにあるのだろう？　そのポイントを「造形の面白さ」「売っている物」「感情の共鳴」という三つの観点から分析してみたい。

造形の面白さ

露店や屋台には、車両を使うもの、地べたに広げるもの、机に並べるもの、複合型など様々なスタイルがある。また、同じような営業スタイルでも、業態の違いや店主の営業習慣、美的感覚など複数の要因によって千差万別な造形が生まれる。一つ一つの屋台が独立した個体で、豊かな色彩と創意工夫に満ちている。

車両を使う屋台は縮小型の店舗のようであり、積載量や移動能力の制限のもと、携帯の利便性と客を引きつける魅力の両方を考慮しなければならない。状況が瞬時に変化する路上で、スピーディに店を開け閉めするため、熟練の店主は陳列や撤収の順序をよく研究しており、様々な工夫が屋台の作りに凝縮されている。私は行列に並びながらそのような細部を観察し、細かな点に店主の工夫を発見するのが大好きだ。

店名にダジャレが交じっているのを見ると、店主はユーモアのある人なのだろうと感じられる。店内の貼り紙の言葉遣いにも優しさ、厳しさといった個性が出るので、客は店の人と話す前にその性格を推し量って、注意書きを守るなど、店の人を怒らせないように気をつけることができる。

創業の古い露店では、商売道具の摩耗や汚れなどに月日の流れを感じることができる。これらの痕跡は、この屋台が長年苦労して生き抜いてきた証しであり、一定の品質保証にもなっている。しばしば冗談交じりに「汚い屋台ほどうまい」と言われることがあるのは、そういうわけである。

露店の細部を観察するのが好きだ。そこには商売の流れや店主の美学、工夫などが見て取れるから。

売っている物

かつて「何でも売ってる、何でもある」という広告フレーズが流行したが、これは台湾の露店を形容するのにもぴったりの言葉だと思う。

露店や屋台では食べ物、服飾、生活用品などの多岐にわたる商品を販売し、衣食住を始めとする生活のほぼすべてをカバーしている。そこで売っている物を観察すれば、台湾の生活習慣や、地域や季節による違いを理解することもできる。例えば、早朝の海辺の街では、前の晩にとれた新鮮な魚を売る女性たちの露店がよく見られる。店舗が少ない田舎の町では、今でも生活用品の屋台車が路地裏に入っていく姿を見かけるが、これは最も原初的な販売形式と言えるだろう。沿道では、季節ごとに違う果物が売られている。私が友達を市場に案内するのは、市場にある色とりどりの店や商品に、その地域の生活の縮図が見られるからだ。

また、よく観察してみると、練り粉人形、網戸の修理、ファスナー交換、似顔絵、さらにはマッサージ、挽臉《ワンリエン》など、「一芸で身を立てる」タイプの露店があることにも気づく。彼らの得意技は通行人の目を引き、消費者の口コミでさらに評判が広がっていく。だが、こうした技術は後継者を見つけるのが難しいであろう。そう考えるたび、彼らがとても貴重な存在だと感じる。

季節限定で現れる、新鮮なヤシの実を割ったジュースの屋台。

感情の共鳴

露店は台湾社会で重要な役割を果たしており、地元の庶民文化の一翼を担う存在でもある。手頃な価格で、多様な選択をもたらす露店の存在は人々の生活に欠かせないものであり、長年のつきあいで店主と客の間に親しい感情が生まれることもある。

時折、トラックを改造した屋台が、路上でスピーカーから音楽や売り声を流している光景に遭遇することがある。かつてはこの音が聞こえると、近所の常連客がぞろぞろと集まってきたものだ。だが大型のスーパーやチェーン店が各地に普及するにつれ、屋台車は減り、こうしたスピーカーの売り声も、徐々に私たちの記憶の中にとどまるだけの存在となりつつある。

かつては日常の娯楽も今ほど種類がなく、子どもたちが玩具やお菓子を手に入れることも容易ではなかった。だから、甘いものを食べたときの喩《たと》えようもない嬉しさは、深く心に刻み込まれた。誰にも、かけがえのない思い出の味があるのではないだろうか。高級レストランよりも心に残るその味は、街角の麺屋台や、単なる麦芽糖の味かもしれない。大人になっても帰郷するたびに足を運び、あるいは自分の子どもを連れていき、懐かしい思い出を共有したいと感じる味がある。同じ屋台でも、それにまつわる思い出は人によって異なり、一人一人の心にそれぞれ異なるメロディを奏でる。それも、露店が人々の心を揺さぶる理由だと思う。

黄色く滲む照明に、屋台にまつわる思い出がよみがえる。

POINT 3
露店の構成要素

台湾の露店の絵を描くうちに、多くの露店に共通する構成要素に気がついた。例えば、屋台を構成する車両、看板などの本体や、日よけのための器具、照明器具など店主が必要に応じて取りつける物、さらには一見目立たないが重要な役割を果たす便利な道具などが含まれる。それらは「台湾らしさ」を醸し出す、台湾露店のシンボル的存在でもある。

屋台車の本体部分

移動可能な屋台車には、作業や陳列のための台が一つ、内部には商品を収めるための空間がある。下方には移動のための車輪があり、車両の片側には持ち手がついている。

屋台車の形は業態や規模により異なり、台の上に調理用の鍋が搭載されているものもあれば、上部に日よけ屋根がついているものもある。車両の材質は耐久性の高いステンレス製が多いが、近年

流行りのハンドメイドマルシェでは木製の屋台車が増えている。木製の屋台車は外観は美しいが、長距離の移動や衝撃に弱い。売る物の種類によって、屋台車に求められるものも違うのである。

看板

看板は、客が真っ先に目にする部分なので、通常は色彩が鮮やかで、視認性が高く、何を売っているのか一目で分かるようになっている。例えばソフトクリームの屋台がよい例だ。ソフトクリームの形をした光る立体看板は、遠く

にいる子どもたちにも認識されやすく、子どもが大人の手を引いて集まってくるのだ。

露店の看板には、店舗の看板とはやや異なる特徴がある。通常、店舗の看板は大きくて目立つが、屋台の看板はそれより小さい。店主が自身の美術的才能を発揮して手作りした看板もあれば、こだわりをもって特注された光る立体看板もある。看板を観察すると、それぞれの屋台に独自のこだわりを見て取ることができる。

日よけ屋根

多くの屋台には屋根がついていて、雨や陽光を防ぎ、商品の衛生を保てるようになっている。屋根がない場合は、大型の日よけパラソルを組み合わせていることが多い。

屋根の支柱には、包装用の袋、貼り紙、照明器具など、様々な物をぶら下げることができる。まるで植物のツルが「支柱」にからみついて生長し、豊かな果実を実らせるかのごとく、屋台に独特の美しさを生み出している。

照明器具

照明器具は、遠方の客を引きつけたり、販売している商品をより際立たせたりするなどの重要な役割を担っている。色彩効果にこだわる露店では、商品に合った色合いの光を選び、客の視線を商品に集めるようにしている。例えば、食べ物の屋台では黄色い光、スマホアクセサリーの屋台では白い光、鮮やかなドリンクを売る店ではカラフルなLEDの光がよく用いられる。

照明器具そのものにも、全体的な雰囲気を生み出し、見る者の心を動かす作用がある。照明による雰囲気が露店の第一印象を作ることもあるので、あなどれない重要性を秘めている。

売る人の服装

売る人の服装も、私が観察するときのポイントの一つだ。服装は時間や場所、営業上のニーズによって異なるので、服装から何を売っている屋台なのか推測できることも多い。長時間日差しにさらされる屋台では、笠と顔を覆う布をかぶり、腕には袖カバーをつけている売り子もよく見かける。食事系の屋台では、マスク、手袋、エプロンが標準装備。夜市では多くの客に素早く対応するため、ウエストポーチが不可欠な装備だ。近年のおしゃれな若者向けの屋台では、服装も質感や流行を意識し、より色彩の統一感を追求することが多い。

商品を入れる袋

台湾の露店で最もよく見かけるのは「赤と白のポリ袋」だ。私たちの脳裏に深く刻みつけられたこの赤と白のストライプは、露店のシンボル的存在だ。もし海外の飛行場でこの袋を持っている人がいたら、十中八九、台湾から来たと断定できる。

袋は手に取って使いやすいように、屋台の支柱に固定されていることが多いが、中にはロール型の透明ポリ袋を使う店もある。最近では環境保護の意識が高まり、コストが高くても紙袋を使う店や、マイバッグ持参で割引をしてくれる店も増えつつある。

段ボール箱

段ボール箱には、軽くて緩衝材にもなるという利点があるため、軟らかくて衝撃に弱い野菜や果物を入れることが多い。外観の特徴としては、商品の産地や「品質保証」などの文字が印刷されており、段ボールの茶色とカラフルな文字色の組み合わせは、市場風景に点在する台湾らしさのシンボルとなっている。

野菜コンテナ

野菜コンテナの特徴は、その機能的なデザインにある。両側のへこみは取っ手として使えるし、箱のフチは積み重ね可能な形になっている。丈夫で衝撃に強いので、商品を取り出したあとのコンテナを逆さにして積み上げ、即席の陳列台として利用している店も多い。便利だし、台をもう一つ持ち運ぶ手間も省ける。こうした特徴がある野菜コンテナは、露天商の運搬を助ける一石二鳥の便利グッズなのだ。

陳列容器

商品を陳列するため、そして衛生的に保管するため、露店には陳列容器が用いられることが多い。様々な商品を瓶やボトルに入れて並べる店もあれば、大きめの陳列用ケースを置く店もある。

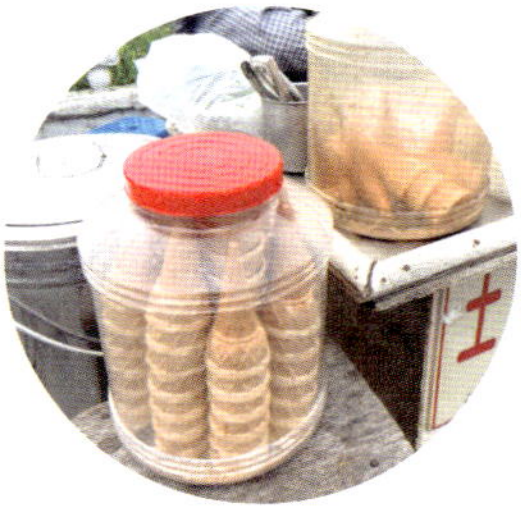

「小櫃《シャオグイ》子《ズ》滷味《ルーウェイ》」の木製の陳列棚は、食べ物の収納だけでなく、レトロな雰囲気を醸し出す役目を果たす。ガラスの陳列ケースは、商品がよく見えて選びやすい。肉まんを売る屋台では、蒸し器のセイロをそのまま並べることもある。売っている商品により異なる陳列方法があり、それぞれに趣深い。

赤いプラスチック椅子

軽量なスツール型のプラスチック椅子は、重ねて収納するのにも便利なので、多くの露店で重宝されている。座面の中央にある丸い穴は、持ち手として使える他、上からの圧力を分散させる効果もある。他の色の椅子もあるが、赤色が最も多い。夜の薄暗い市場の中でパッと目を引き、市場の風景に彩りを添える存在である。

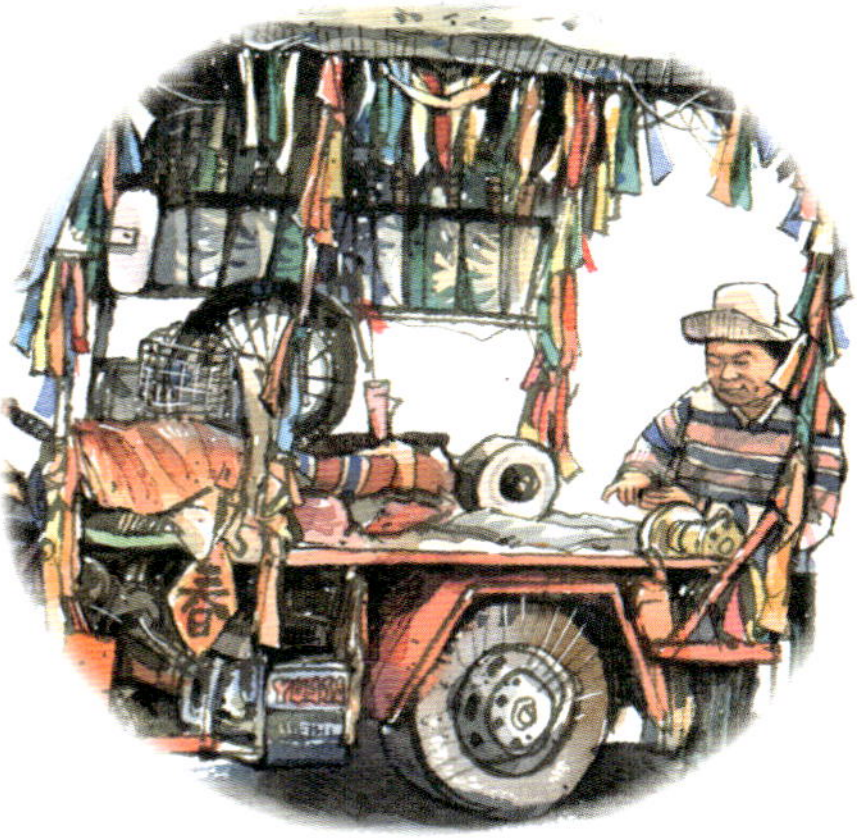

立ち売りに、手押し車。
バイク屋台に、キッチンカー。
多様な屋台に凝らされた
「移動」のための工夫。
自由気ままな販売スタイルが
懐かしい。

PART 1

移動しながら売る

BAO
阿爸的
雞蛋糕

立ち売り

立ち売りは、露店が成立する「最低限必要な要素」すなわち販売者だけで成り立つ、最も基本的な営業スタイルだ。身一つで少量の商品を持ち、道端で売る。店の設備も移動手段も不要なので、投資コストが低く、機動性が高く、割安な商品を売ることができる。

かつては天秤《てんびん》棒を肩に担いで食べ物や野菜、生活用品などを運び、呼び声をあげながら街々を練り歩く人たちをよく見かけた。特定の商品を十字路や車道の横、駅のホームなどで売る人々も多かった。

近年では、交通手段やインターネットの発達により、小規模な小売に最適な販売方法も変化を遂げ、路上での立ち売りはほとんど見かけなくなった。現在もこのような方法で生計を立てているのは、社会的弱者であることが多い。

立ち売り

01 白木蓮《はくもくれん》の花

白木蓮の花を売ることは、台湾に特有の商業行為の一つだと思う。かつてお廟《びょう》の近くで白木蓮を売る人をよく見かけたのは、参拝客がお供え物の上に白木蓮の花を一束捧げる習慣があったからだ。白木蓮はよい香りがするので、自動車のバックミラーにぶら下げて、天然の芳香剤にする人もいる。

　白木蓮の売り手は、花屋から仕入れた白木蓮の花を針金で串刺しにし、一束三十～五十元ぐらいの値段で、駅やお廟など往来が多いところで販売している。信号待ちをする車の間を売り歩くこともあるが、青信号になる直前に素早く安全地帯に駆け込む様子を見かけると、いつも心配で冷や汗が出る。

　売り手が胸の前に自身の困難を訴える文章を書いた看板をぶら下げていることも多い。白木蓮を買う客には、本当に商品が必要だからというより、売る人の苦境に同情して買う人のほうが多いかもしれない。それにしても、白木蓮の花が多くの台湾人にとって自分の文化を象徴するシンボル的な存在で、大切にすべき文化の一つであることに変わりはない。

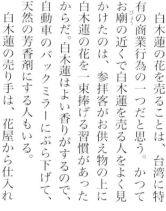

一束30元

立ち売り

02 ほうきを売るおじいさん

かつては肩に天秤棒を担いで街々を練り歩き、生活用品、お菓子、アイスなど様々な商品を売る人がよく見られた。移動するルートはいつも同じであることが多く、常連客が遠くからその呼び声を聞きつけて自然に集まってくる。特に入り用がなくても、挨拶のために顔を出す人もいた。だが、このような人情味あふれる光景は、近年次第に失われつつある。

ほうきはどの家にも欠かせない生活用品で、かつては竹や藤ヅルで手作りされていた。売り手は、自作のほうきを天秤棒にくくりつけて担ぎ、毎日街で売り歩いた。だが、時代の変化により、アパートで掃除機を使う生活スタイルが主流となった。ほうきを使う機会はめっきり減り、今ではほうきで落ち葉を掃くこともあまりない。

手作りの技術を継承する人は少なくなり、ほうきを手作りできる職人は、今や台湾全体で数人しか残っていない。高齢の職人たちは毎日ほうきを作り続け、街に繰り出す。もはやお金を稼ぐことより、数十年来の習慣を続けることそのものに意味があるのかもしれない。運動にも、生きがいにもなる。あるいは、文化継承への思いがそうさせているのかもしれない。ほうきを天秤棒で担ぐ売り手は、今や一種の「文化財」のような存在なので、見かけることがあればとても幸運である。

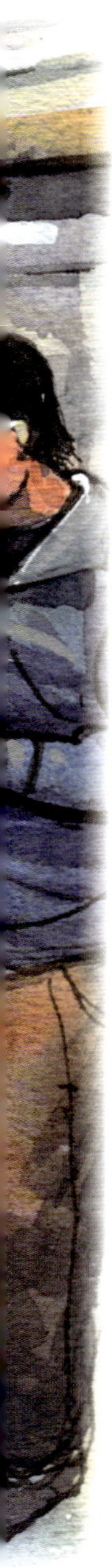

立ち売り

03 駅弁の立ち売り

二〇一一年から二〇一三年まで、私は花蓮《かれん》で兵役に服していて、休暇が終わると、実家のある屏東《へいとう》の鉄道駅から特急「自強号《じきょうごう》」に乗り、五時間かけて花蓮に戻った。途中、池上《いけがみ》駅のホームに列車が入ると、車両がまだ完全に停まらないうちから駅弁売りの声が聞こえてきた。

駅弁の売り手は、掛け紐のついた大きな木箱に弁当を入れ、胸の前に箱を抱えて駅のホームで販売することが多い。彼らは列車のダイヤを熟知しており、列車がホームにとどまるわずか数分間のうちに、乗車口や車窓に駆け寄って車上の乗客に販売する。乗車口から車両に入り、一、二両ほどを素早く通り過ぎながら、弁当を売りさばく人もいる。

停車時間が短いため、ベテランの売り手は乗車口の近くで待ち構えており、ベテランの客もそれを知っていて乗車口の近くに移動する。お金と弁当があうんの呼吸で素早く交換される様子は、一枚の絵になる光景だ。時間を短縮するため、小銭を小さな袋に小分けして、客が百元札を出したら、すぐにお釣りを出せるようにしている売り手もいる。

その後、兵役中に異動があり、花蓮へ行く機会はめっきり減った。このような駅弁売りもいつの間にか姿を消し、過去の記憶となってしまった。

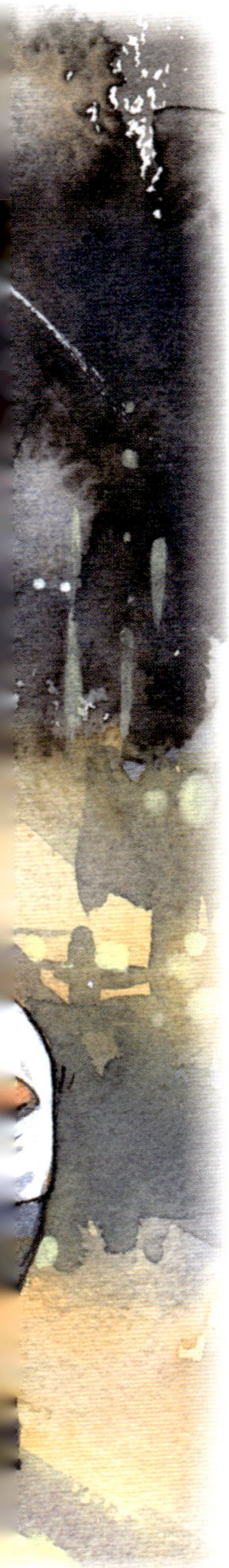

立ち売り

04 風船を売る人

小さな頃から大人になるまで、夜市ではよく空に浮かぶ風船を売る人を見かけた。ヘリウムガスを充填《じゅうてん》した風船は、空に浮かべることができ、表面にきれいな図案が印刷されたものや、様々な形のものがある。値段は当然、安くはない。

　風船というものは、買ってもらったときは嬉しいが、家に帰って二日ほどで空気が抜けるし、実用性もない。だから、お金に余裕のある家の子どもでもなければ、なかなか買ってもらえないものだった。風船の周りには、いつも期待に目を輝かせた子どもたちが集まっていた。見るだけで、買ってはもらえない。私もそのうちの一人だった。

　幼い頃の私にとって、空に浮かぶ風船は高級品の象徴だった。風船から垂れ下がるあの紐を握ったら、小さな自分も風船と同じぐらいの背丈になり、夜市で一番「格好よい」存在になれる……しばしばそんな空想にふけることがあった。彼らが売るのは風船ではなく、子どもの夢とロマンなのだ。そう考えれば、少しくらいお金を使うのも悪くはないのかもしれない。

HAP
Love

立ち売り

05 宝くじを売る人

台湾の宝くじには当選番号があとから発表されるタイプの普通くじ、スクラッチ、ロトくじなど様々な種類があり、発売以来ずっと、高い人気を誇っている。多くの人々にとって、宝くじを買うことは「夢を買う」ことであり、娯楽の要素が強いため、勝敗をそれほど気にしない人が多い。もちろん、勝ち負けを重視し、「連番買い」などの必勝法で当選確率を上げようと努力する人もいる。

宝くじの販売許可は、心身障害者や低所得者などの社会的弱者に優先して与えられるので、彼らが申請して資格を得ることが多い。だから、自身の車椅子を陳列台にして、地下鉄駅や十字路で販売する身体障害者もいる。だが、宝くじを大量に仕入れるには多額の資金が必要であるため、経済力を持たない障害者の中には、経営資格を貸し出して別の人に経営させ、毎月手数料を受け取って生活をする人もいるという。こうした状況は、公然の秘密となっているようだ。

益彩券
刮刮樂
祝您中獎
1000萬
2023

MaruCorner COFFEE STAGE & BA
丸角後院
丸角後院
丸角

手押し車の屋台

屋台車を営業場所まで手で押していき、店じまいのあとはまた手で押して戻る、とてもシンプルな屋台形式だ。手押し車をそのまま使う簡単な屋台もあれば、商品の収納、陳列や看板などの機能を充実させたタイプの屋台もある。小さな手押し車は、様々な場所に移動することができる。

動力は人手のみなので、売り手の住居から離れた場所での営業は難しい。だが、こうした距離の問題を克服するため、営業場所の近くに屋台車を置くスペースを借りて、毎日そこから車を押して移動する屋台もある。これは一種の裏技とも言える方法だ。

手押し車の屋台

06 雑貨の手押し車

コンビニがまだ普及していなかった頃、近所に雑貨店が一つしかないこともあった。雑貨店は各種の生活用品を売るだけでなく、生活上の困り事にもあれこれ相談に乗ってくれたので、近所の住民にとってはよく入り浸る、思い入れの深い場所であった。

だが、雑貨店のサービスが行き届く範囲は限られているため、このような手押し車による「雑貨屋台」が登場し、辺鄙《へんぴ》な地域に向けて簡単な日用品を販売するようになった。その取扱商品は、歯磨き粉、歯ブラシ、シャンプー、石鹸、ベビーパウダーなど多岐にわたった。

年季を感じさせる木造の屋台車に、トタンで補強された屋根。商品陳列ケースには、商品を上下に並べるための棚板や、ガラス扉がついている。商品の前方にロープが張られているのは、移動時の転落を防ぐためである。また、下方には小物を収納するための引き出しがあり、そこかしこに店主の工夫が見られる。屋台車の持ち手は、長年使い込まれてツルツルに光っている。数年前までは、嘉義《かぎ》県で李さんというご老人が昔ながらの屋台を営んでいたが、李さんが亡くなって以来、このような屋台車を見かけることはほとんどなくなってしまった。

手押し車の屋台

07 綿菓子

綿菓子は子どもたちの大好きな、カラフルな外観が目を引くお菓子だ。価格は安く、見た目が大きいので、少しのお金で大量に買えたような気がする。大きな綿菓子を少しずつちぎって長く食べられるし、「食べ遊び」が好きな子どもにぴったりだ。綿菓子を食べると、いつも両手や頬がべたべたになる。中には綿菓子の可塑性を利用して、複数の色を組み合わせ、様々な形を作るアイデア豊富な店もある。こうすることで客の目を引くし、普通より高い値段で売れる。

綿菓子の屋台を始めるのに必要な道具は少なく、綿菓子を作る機械が一つと小さなガスボンベが一つあればよい。ザラメを機械に入れて加熱するとシロップができる。機械が高速回転するとシロップが噴き出し、綿の繊維のような細長い飴《あめ》になる。店の人がそれを竹串にくるくると巻きつければ、大きな綿菓子の完成だ。

この屋台では、最もシンプルな手押し台車が移動手段として使われている。野菜コンテナは運搬時には収納として、売り場に着いたら作業台として使える。機械を置き、宣伝ののぼり旗を車の持ち手に固定すれば、すぐに営業を開始できる。このような綿菓子を売る屋台は、今でも各地の大きな夜市でよく見かける。

野菜コンテナの上に木板をのせれば、
臨時の作業台ができあがる。

手押し車の屋台

08 麦芽ビスケット

ある日、大稲埕《だいとうてい》を散策していたところ、小さな麦芽ビスケットの屋台を見かけた。こぢんまりとした屋台の真ん中が作業場で、鉄製の箱に黄金色の麦芽ビスケットがぎっしり詰まっている。店主は手袋をはめた手で、麦芽糖を器用に押しつぶし、内から外へ時計回りに並べたビスケットにのせていく。それから梅味と落花生味の粉を振りかけたあと、もう一枚のビスケットをかぶせていく。作り方は簡単だが、サクサクとしたビスケットの食感、麦芽糖の甘さに梅の酸味が融合した素朴な味わいは、多くの人々の幼少時の記憶に結びついている。

お菓子の種類が少なかった時代、両親が時々瓶入りの麦芽糖を買ってきてくれるのがとても楽しみだった。長く伸びる麦芽糖を割り箸に数回巻きつけると、即席のペロペロキャンディーができあがる。麦芽糖が硬すぎて、無理やり刺した割り箸が折れてしまったこともある。大人になった今はお菓子の種類も増え、麦芽糖を食べたいと思うことも減った。だが、時折こうした屋台を見かけると、幼少時の甘酸っぱい思い出の味を確かめたくなる。

純正
麥芽餅
可口好吃
麥芽餅
衛生第一
純正麥芽·化痰止咳

手押し車の屋台

09 車輪餅

「車輪餅」はその名のとおり、車輪にそっくりな見た目だ。サクサクした皮に餡《あん》がたっぷり詰まっている。定番の味は小豆とクリームだが、店によっては干し大根などの甘くない具や、小豆とクリームの両方が入ったものもある。最近では、飽きられないように、ツナ、抹茶、タロイモなどの様々なバリエーションがある。

車輪餅の屋台には、丸い穴がいくつも開いた焼き型をのせた、特製の調理器具が備えつけられている。まずは生地を焼き型の穴に流し入れ、車輪餅の皮を作る。皮の外側が固まったら、餡をのせたあと、もう一枚の皮をかぶせ、上下のつなぎ目に生地を足してくっつける。製法は日本のたい焼きにも似ているが、たい焼きは焼き型に生地を流し入れたあと、二枚の焼き型を挟むようにして作るし、皮は厚めでふっくらとした食感だ。一方、車輪餅の焼き型は一枚しかなく、形も単純で、皮は薄くてパリパリとした食感である。

車輪餅は小さいので、通行人がおやつとしていくつか買っていくことが多い。屋台の周りはいつもにぎやかで、学生、子ども連れの主婦、白髪頭のおじいさんなど、様々な年齢の客が熱々の車輪餅を待っている。車輪餅こそ、台湾の日常的なお菓子の代表と言えるかもしれない。

車輪餅
紅豆
奶油
蘿蔔絲
1個10元
買10個送1

手押し車の屋台

10 ベビーカステラ

ベビーカステラといえば、なんといっても屏東中央市場の「太空棒《タイコンバン》」のカステラが一番だと思う。創業三十余年の老舗屋台で、私も中学生の頃によく買って食べたものだ。当時は学校帰りに友だちと屏東駅でバスを降り、中央市場に繰り出してはボクシングマシンで遊び、冷たい愛玉《アイユー》やオムライスを食べ、ベビーカステラの屋台を見かけたときは必ず並んで数本買った。

「太空棒」という店名の由来は、カステラの形状が細長い「棒」のようで、両側が丸く、具なしで「空っぽ」の、純粋なカステラだからだ。数十年経った今も、この屋台の様子は昔と変わらず、店主の顔も若いままだ。

小さな屋台には鉄製の焼き型が二つあり、一度に焼けるカステラの数は八本だけ。店主は片手で生地を流し入れながら、もう一方の手で焼き型を動かす。こうして生地を流し入れたら、後ろを向いて、手桶で生地をすくい、また同じ手順を繰り返す。バターを塗って、生地を流し込み、焼き型をかぶせ、ひっくり返して数秒待ったあと、焼き型を開け、フォークでカステラを取り出して冷まし、紙袋で数回扇《あお》ぐ。店主の一連の動作は流れるようにスムーズで、ひっくり返すタイミング、回数、リズムもいつも同じだ。そうした熟練の動作を眺めるのも、列に並ぶときの楽しみの一つだと思う。

ベビーカステラは焼き立てが一番おいしいので、すぐにその場で食べることが多い。私のひいき目もあるとは思うが、台湾のあちこちで食べ歩きをした結果、やはりこの屋台のベビーカステラこそ、外はサクサク、中はふんわりとした食感のバランスが最高で、喉も渇きにくい。

ベビーカステラは「初心者向け」の商売だと考える人が多いらしく、夜市では、変わった焼き型や味を売りにしている店も多い。だが、形も味もシンプルな「太空棒」が、奇抜な宣伝や包装に頼ることなく、三十年も人気を保ち続けている秘訣は何だろう？　かつてこの味を食べた子どもたちが大人になり、今度は自分の子どもを連れてくる。このことの意味について、深く考えてみるべきかもしれない。

手押し車の屋台

11 菜燕《ツァイエン》と麻糬《モアチー》

菜燕と麻糬は、どちらも台湾らしいお菓子である。「菜燕」とは、冬瓜茶に粉寒天を溶かした液体を型に流し込み、冷やし固めて小さく切ったゼリーのようなお菓子だが、その食感はゼリーよりもやや硬めだ。麻糬とは、小さくて丸いお餅のこと。これに、胡麻や落花生に砂糖を混ぜた粉をまぶして食べる。

菜燕と麻糬の屋台からは、歯車のついた機械の「タタタ」という音が聞こえてくることが多い。だが面白いことに、この機械についているのは「音を出す」機能だけで、餅つきの機能などはついていないのである。

なぜこのような機械を置いているのかは謎であるが、一説には、かつてはこの機械の金属の棒にうさぎの人形がくくりつけられていて、歯車が回るときにこの棒が上下して、うさぎが餅つきの動作をしたという。「タタタ」という音は、この棒が下側にぶつかる音なのだ。なお、店によっては、うさぎの代わりに台湾の伝統人形劇「布袋戯《ほていげき》」の人形をつけたものもあったらしい。

現在、菜燕と麻糬の屋台でそのような人形を見かけることはないが、歯車の機械だけがお約束の装備として残されている。「タタタ」という音の記憶が代名詞となり、その音を聞けば、離れた場所にいる人も、菜燕と麻糬の屋台がやってきたと分かるのだ。

燕 1碗 50
菓 半碗 25
50元7個

手押し車の屋台

12 炭焼きエンドウ

この炭焼きエンドウの屋台は五十年以上も営業していて、今では創業者の孫娘が取り仕切っている。基隆《きいるん》に住む多くの人たちの幼少時の思い出であり、地元では「放屁豆」というユーモラスな愛称で呼ばれている。

「看板」らしきものは、A5サイズのプラスチック段ボールに書かれた「昔ながらの焼きエンドウ、一袋五十元」というやや斜めの手書き文字だけ。だが、看板などなくとも問題はない。こんもりと積み上がったエンドウ豆、年代を感じさせる古いかまど、四角い鉄カゴという光景はとても珍しく、遠くからでも目を引くからだ。

エンドウ豆は塩水に浸したあと、特注の四角い鉄カゴに入れ、炭を入れたかまどで焼く。その際、豆が均一に加熱されるよう、鉄カゴを常にひっくり返したり、斜めに傾けたりする。焼きあがった豆は、そばに置かれた発泡スチロールの箱に入れて保温する。炭火で焼かれた豆は皮が少しパリパリしているが、中身は軟らかく、塩味が利いていて、いくつでも食べられるので、テレビを見ながらつまむのに最適だ。

「放屁豆」という愛称の由来については、豆類を食べるとおならが出やすくなるからだろうと考える人が多い。だが店主によれば、エンドウ豆には弾力があり、噛むときに「ぷっ」という音がするかららしい。どちらが本当だとしても、この愛称のおかげで離れた場所からも客がやってくるし、この食べ物の記憶がより深く心に刻みつけられているとも思う。

一包50元

手押し車の屋台

13 ハンドシェイクドリンク

生活が豊かになった現在、街のあちこちにドリンクのチェーン店があり、多種多様なメニューを提供している。「選択肢が多すぎて選べない」などという贅沢《ぜいたく》な悩みもあるぐらいだ。その昔、ドリンクの種類は今ほど多くなかったし、「複数の素材を混ぜてドリンクを作る」という概念もなかった。子どもたちは、甘くて冷たいものが飲めるだけで、最高の幸せを感じたものだ。

今から約三十年前、小学生だった私は、夜市にあるハンドシェイクドリンクの屋台に目を留めた。その屋台には、手書きの看板に客を引きつける「珍珠奶茶（タピオカミルクティー）」の四文字が大きく書かれていることが多く、店によっては大げさなランタンも飾られていた。看板の下にはアイスコーヒー、阿華田《アーホアティエン》（ココア風飲料）、プリンミルクティーといった、昨今の複雑なメニューよりは分かりやすいドリンク名が、小さな字でびっしりと書かれていた。

ドリンク屋台の最も典型的な要素といえば、透明のドリンクタンクだろう。どの屋台にも少なくとも、紅茶と緑茶の二つのタンクがあり、赤色と緑色の蓋で中身が区別されていた。昔は、店主が自分で作ったドリンクを売ることがほとんどで、家でいくつかの飲み物を作り、大きな透明のアクリルタンクに入れてきた。それは、自分のドリンクにおかしなものが入っていないことを、客に堂々と見せるためでもある。

私が幼い頃によく飲んでいたのは、シンプルな「泡沫紅茶（バブルティー）」だった。店主は「銀色の楕円形をした奇妙な容器」に氷と飲み物を入れたあと、果糖シロップを加え、蓋をして手でシャカシャカと振る。この一連の動作はとても新鮮だった。今では珍しくもないのかもしれないが、当時、看板に書かれた「アイスクリーム紅茶」、「胚芽ミルクティー」といったメニューを見た私は、「紅茶にアイスクリームを入れるなんて、なんと贅沢で幸せなんだろう！」といたく感動したものだ。

当時、「アイスクリーム紅茶」は
とても斬新な飲み物だった。

手押し車の屋台

14 猪血糕《ジューシュエガオ》

「猪血糕」とは、豚の血ともち米を混ぜて固めた食べ物で、台湾では定番の軽食だ。真っ黒な見た目に外国人は驚くが、それほど生臭い味はしない。蒸したり、煮たり、炭火焼きにしたりと色々な調理法が楽しめるので、様々な屋台料理に使われている。

猪血糕の屋台では、蒸した猪血糕だけを売っているところが多い。屋台には木製の蒸し器が一つあり、猪血糕は手に持ちやすいよう竹串に刺した状態で置かれている。客が注文すると、店主は蒸し器の蓋を開け、熱々の猪血糕を取り出して、タレを塗り、バットに入った落花生の粉を両面にまぶし、最後にコリアンダーをたっぷり振りかける。甘じょっぱい味とコリアンダーの爽やかさがおいしい猪血糕は、アイスキャンディーのように持って食べ歩きをする人が多い。二口、三口で食べ終わるので、ちょっと小腹が空いたときなどにぴったりだ。

コリアンダーが苦手なら、抜いてもらうよう頼むこともできる。ただ、私の場合、コリアンダー抜きの猪血糕は、バジル抜きの塩酥鶏《イエンスージー》のように物足りなく感じる。

豬血糕30
豬血糕30元

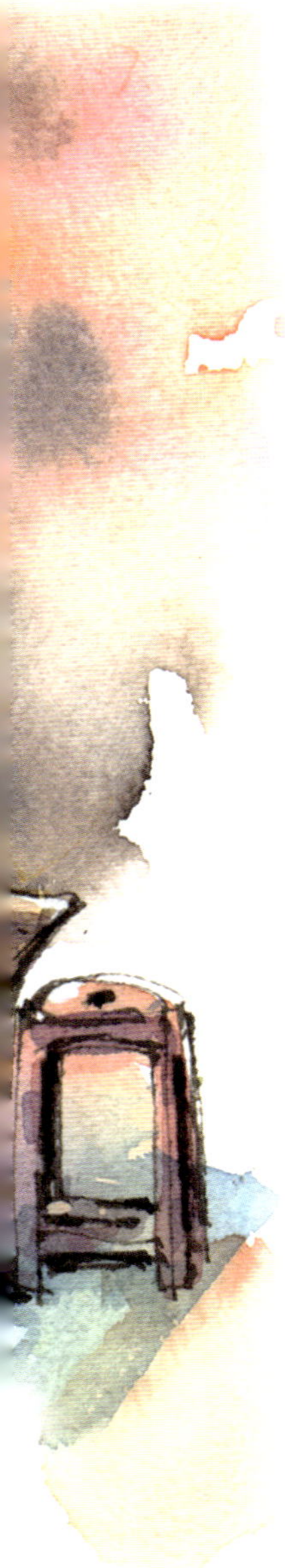

手押し車の屋台

15 シャワルマ

シャワルマの屋台はいつも人目を引く。屋台の中央に置かれた加熱器が、くるくると回る巨大な鶏胸肉の串刺しを炙《あぶ》り続ける。包丁でこの肉をそぎ落とし、焼き立てのコッペパンに挟み、刻みレタスを少々とマヨネーズをたっぷり加えれば、シャワルマが完成する。

この異国情緒あふれる軽食は、中東に起源がある。もともとは羊肉を使い、レタスの他にタマネギやトマトを入れ、フラットブレッドに包んで食べる料理だったらしい。その後、台湾現地の食習慣の影響により、現在私たちがよく知っているような食べ物になったのだ。

肉の串刺しの印象が強烈で、いつも肉が減っていないように見えるため、「シャワルマの串刺しには『核』があり、肉が自己増殖を続けている」などという都市伝説が、インターネット上で流行したこともある。

屋台の看板には「フランス式」と書かれていることがあるが、起源を調べてみても、フランスとはあまり関係がない。だが、看板に「フランス式」と書けば高級感がアップすると考えるのも、台湾人の可愛いところだと思う。

法式
沙威瑪
每份45元
法式
沙威瑪

手押し車の屋台

16 焼仙草《やきせんそう》

子どもの頃、初めて「焼仙草」の存在を知り、常識を覆されたような衝撃を受けた。それまで、「仙草」といえば冷たいゼリーのようなものと認識していたからだ。夏になると、家族が仙草ゼリーを小さく切り刻み、甘い仙草スープを作ってくれた。これを冷蔵庫で冷やして食べるのが格別で、子どもの頃に最も楽しみにしていたデザートだ。その後、「仙草茶」というドリンクも飲んだことはあったが、まさか仙草がホットでも食べられるとは思いもよらなかった。なるほど、仙草は季節ごとに姿を変え、いつもひっそりと私たちに寄り添う、心優しい台湾スイーツだったのだ。

焼仙草（ホット仙草）を食べる楽しみは、小豆、タロイモ団子、サツマイモ団子などのトッピングを自分で選べるところにある。私にとって欠かせないトッピングは、「煎り落花生」である。落花生の硬めの食感は、その他のプルプル系のトッピングとは一線を画し、ほんの少し加えるだけで、焼仙草の食感と香りが一段と豊かになる気がする。

挿絵は、基隆にある焼仙草の屋台を描いたもので、焼仙草の他にも蜂蜜茶や冷たい仙草茶を売っている。遠くから見えた大きな「蜂蜜茶」の看板に、私の目は吸い寄せられた。屋台に並ぶ人たちは、白い発泡スチロールのドリンクカップを手に持ち、ゆっくりと前に進んでいく。この屋台は客が多すぎて店主がドリンクを用意する暇がないので、完全なセルフサービスになっているのだ。焼仙草のトッピングも客がすべて自分で入れていき、最後に店主が熱々の焼仙草を入れる。一杯四十元、本当に「安くて大盛り」だ。私はトッピングをすべて試そうとして、うっかりカップの半分を超えてしまい、焼仙草がほんのわずかしか入らなかった。欲張りすぎるのも考えものだ。

焼仙草《やきせんそう》のトッピングを自分で
選べる店が多い。

手押し車の屋台

17 サツマイモボール

サツマイモボールは、ゆでたサツマイモとタピオカ粉を混ぜた生地を小さく丸め、油で揚げたお菓子である。ぷっくりと丸いサツマイモボールは、中が空洞になっていて、外側がパリパリ、内側がもっちりとした食感だ。店によっては梅味の粉をまぶしてくれるのだが、これがなかなかやみつきになる。

サツマイモボールの屋台では、店主が揚げ鍋にかかりきりになるため、もう一人、生地を丸めて鍋に入れ、袋詰めや会計を手伝う助手が必要になることが多い。一回の揚げ物にかかる時間は約十五分で、屋台の周りには揚げあがりを待つ客の行列ができる。

店主は油切りのざるを持ち、サツマイモボールをひっくり返したり、押さえつけたりしている。どうして「押さえつける」のか不思議に思っていたところ、サツマイモボールの屋台を経営したことのある友人が教えてくれた。サツマイモボールを揚げるときは、まずは中火で揚げながらボールの形が安定するのを待つ。ボールが油の表面に浮かんできたら、ざるでボールを押さえつけて、生地に染み込んだ油を押しだし、空気を取り込む。そうすることで、ボールがぷっくりと膨らむ。揚げ終わる前に、もう一度油の温度を上げて、最後の油抜きをすると、パリパリで油っぽくない、きれいな丸い形のサツマイモボールができあがる。簡単そうなサツマイモボールにこれほどの極意があるとは、とてもよい勉強になった。

地瓜球
大中小

手押し車の屋台

18 焼きイカ

私の記憶によれば、地元屏東の中央公園のそばには、かつて焼きイカの屋台が何軒もあった。ここに焼きイカの屋台が集中していたのは、当時はこの公園のそばに映画館があり、映画館の客が焼きイカを買っていったからだという。それから時が流れ、今では一軒しか残っていない。

屋台の陳列用のガラスケースには、焼きイカと裂きイカが入っていて、分量による値段の違いが一目で分かるように表示されている。面白いのは、屋台にパチンコ台が置いてあり、店主と勝負できることだが、勝つのはなかなか難しい。店主はきっと、客がいない間ずっと練習しているのだろう。

客が注文すると、店主が炭火の小さなコンロでイカを焼き、焼きあがったイカをカレンダーの紙で包んでくれる。あのおいしそうな香りは、今でも忘れられない。

幼い頃、両親はなかなか買ってくれず、焼きイカは私にとって手の届かない存在だった。焼きイカへの渇望が心の中に刻みつけられたのだろう、大人になった今でも、炭火の香りとタレの甘さ、イカの旨味《うまみ》が忘れられず、よく買って食べている。

魷魚 小管
魷魚

手押し車の屋台

19 新聞屋台

あるとき、路上で本や新聞を売る屋台を見かけたとき、ふと子どもの頃によく夜市の屋台で本を立ち読みしたことを思い出した。だが、よく近づいて見てみると、それは私が想像したような本を売る店ではなく、「福報」「紅報」「龍報」「台北鉄報」といった名前の、普段はあまり見ることのない新聞がたくさん吊り下がっていた。好奇心に駆られて何種類か買い求め、店主に尋ねてみると、これらは宝くじの当選予想などが掲載された新聞なのだという。

　これらの新聞に並ぶたくさんの数字の意味は、私にはよく理解できなかったが、紙面に書かれた宣伝文句の数々には興味を引かれた。例えば、「毎日読めば福が来る、金運の鍵は本誌にあり」とか、「本誌は専門の研究員が特殊な手法で当選番号を予想しています。百パーセントの保証はなくとも、一部三十元で今度こそ勝てます」とか、「宝くじ研究所の算出による予想です。今回の宝くじは末尾が28の番号がよいでしょう。一押しは02、12……」といった具合だ。さらには中国古代の予言書をまねた毛筆の挿絵に、もっともらしい数字の分析が添えられた記事まである。どれも宝くじの番号選びのための情報だが、「本誌の情報はあくまで参考にするためのものであり、賭け事はほどほどに」という注意書きも忘れてはいない。なるほどこんな世界もあるのかと、見識が広がる思いだった。

　かつて台湾では「大家楽《ダージアラー》」という非公式の富くじが流行り、多くの人たちが神様の信託を求めたり、線香の灰の落ち方で数字を占ったりしていた。あれから数十年経った今でも、同じような予想方法がまだ存在しているとは、どんな時代でも人間の富への願いは変わらないようだ。私自身はこうした占いを信じてはいないが、否定するつもりもない。これも台湾文化の一部分であるし、理解し尊重すべきものだと思う。

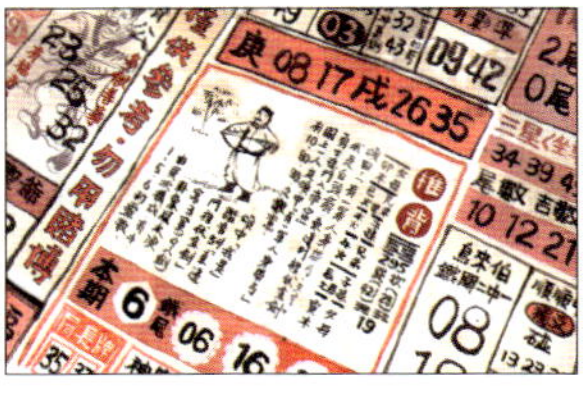

これらの新聞をよく見ると、
細かい分析が書かれている。

手押し車の屋台

20 麺茶《めんちゃ》

「麺茶」という名前から、ライスミルクのような飲み物を想像しがちだが、実際には、小麦粉に油と砂糖、湯を混ぜたとろみのあるスープのような食べ物だ。甘じょっぱさの中に、ほのかに油の香りがして、かなり満腹感を得られる。こんなに安く作れて、かつ、おいしい食べ物を思いついた昔の人は、本当にすごいと思う。

基隆に面白い麺茶の屋台がある。店主は屋台車を押しながら街を回るのだが、そのルートは不規則で、なかなか出会えない。「捕捉」できるかどうかは運しだいなので、地元の人からは冗談めかして「位置ゲーム系」の屋台とも呼ばれている。ある日、バイクでの移動中に、道端でゆっくりと麺茶の屋台車を押すおじいさんを見かけた。私はすぐさまバイクを道端に停め、屋台に駆け寄った。嬉しさのあまり、顔がにやけていたと思う。

この麺茶の屋台は見た目も特徴があり、作業台の上に小麦粉や砂糖などを煎った麺茶の粉や片栗粉の入ったボトルがいくつも並べられている。最も目を引くのは長い注ぎ口のついたステンレスポットだ。店主はひしゃくで麺茶の粉をすくい、紙コップに入れたあと、インドの「チャイラテ」を淹れるような手つきで、とても高い位置から熱湯を注ぐのだ。さらに、加熱されたポットから時々発せられる「ピーッ」という汽笛のような音で、遠くの客にも屋台の存在を知らせる。麺茶の屋台のことを考えると、自然とこの汽笛のような音が思い出されるものだ。

手押し車の屋台

21 靴の修理

靴の修理をする人は近年めっきり少なくなった。私自身も靴を修理に出した経験がない。「買い替え」と「修理」には、それぞれ異なる気持ちや価値観が働いている。買い替えが金銭的な余裕や潔さの象徴だとすれば、修理は「もったいない」気持ちの象徴であろう。

高雄《たかお》市の旗山《きざん》に周さんという職人がいて、当地で五十年余り靴の修理を営んでいる。毎日同じ場所へ屋台車を押していき、車体を固定して日よけのパラソルを開き、営業を開始する。開店時には、常連客がもう待っていることもある。周さんは靴を受け取ると、まずはじっくり観察し、どこが壊れているのか、どう修理するのかを細かく説明して、すぐに修理を始める。接着剤で貼り合わせることもあれば、太い針で数針縫うこともあり、それぞれの靴の状態に合った修理法を選ぶ。修理をする間にも、客の列が長くなり、見物客が物珍しそうに写真を撮っていくが、周さんは少しも気に留めていないようだ。

店じまいをするときは、パラソルを畳んで屋台の屋根にくくりつけ、車体を固定する木板を外し、またゆっくりと屋台車を押しながら帰っていく。私はふと、日本のドラマ『深夜食堂』で、店主が店ののれんを出し、看板の照明をつけることで、営業開始を象徴するシーンを思い出した。こういった開店や閉店の決まりきった動作には、一種の儀式性があると常々感じてきた。店を持たない職業の私には、なかなか手の届かないロマンである。

BAO
雞蛋糕

自転車の屋台

自転車には、身軽かつ物を積めるという特徴がある。屋台にする場合は、サドルの後方に商品を固定し、自転車をこぐか押すかしながら沿道で販売することが多い。速度はゆっくりなので、客に呼び止められたら、すぐに道端に停車して商品を売ることができる。

自動車やバイクがまだそれほど普及していなかった時代、自転車は最も一般的な交通手段だった。かつて自転車が屋台に利用されたのは、移動のしやすさのためだったが、現在ではマーケティング上の理由で選ばれることが多い。自転車をおしゃれな屋台車に改造することで、各種のイベントマーケットで客の注目を集めることができるからだ。

よく観察してみると、昔ながらの自転車の屋台はサドルの後方に荷箱を設置して前進しながら売るものが多いが、近年流行りのおしゃれな屋台では、デザイン上の理由から、荷箱を自転車の前側に設置していることが多い。だが当然ながら、重心が前にあると移動のしやすさは大きく損なわれる。この点からも、昔と今では自転車の改造において重視されるポイントが異なっていることが見て取れる。

自転車の屋台

22 果物を売るおばあさん

　ある日、路上で自転車をこぎながら果物を売るおばあさんを見かけた。とても珍しい光景なので、私はすぐに車を停めて果物を買いに行った。おばあさんは頭に黄色い頭巾を巻き、日よけの笠をかぶり、両腕には小花柄の袖カバーをつけていた。まさに、昔の台湾の働き者の女性そのものといった出で立ちだ。絵を描くために写真を撮らせてほしいと頼むと、「不格好なのに」と笑いながらも棒はかりと果物を持ち、撮影に応じてくれた。

　おばあさんの自転車は「鉄馬」と呼ばれる昔ながらのがっしりしたタイプで、最近の流線形のデザインとは違うが、実用性へのこだわりが生むシンプルな美しさが感じられる。ハンドルの両側にはそれぞれ竹カゴ、荷台には鉄カゴが設置され、おばあさんが自分で育てた果物が入っている。

　私がその中から梨を一つ選ぶと、おばあさんは昔ながらの棒はかりで重さをはかった。このタイプの棒はかりは、片方に物をぶら下げるフック、もう片方におもりがついていて、両側が釣り合う位置におもりを移動させると果物の重さが分かるという、てこの原理を利用したはかりである。近頃では骨董品店でしか見かけないような道具を、今でも実際に使っている人がいることを知り、とても感動した。

自転車の屋台

23
饅頭《マントウ》を売るおじいさん

一九五〇年代、アメリカから台湾に各種の支援が行われたが、中でも小麦と小麦粉の輸入は台湾人の食生活に大きな影響を与えた。国の奨励のもと、台湾では小麦粉を使った様々な中華や洋食のメニューが普及した。小麦粉袋をリメイクした子ども用のズボンが流行し、袋に印刷された「中美合作」の文字は、当時の思い出として今でもよく語り草になる。

当時は、肉まん、饅頭、あんまんなど、小麦粉を使った様々な食べ物が作られた。そして、これらの食べ物を熱々のまま、自転車の荷台の鉄箱に入れて保温しながら、街頭で売り歩く人も多かった。

幼い頃は、三角形の皮にあんこがたっぷり入ったあんまんが大好きだった。なぜかは分からないが、中でも眷《けん》村《そん》（一九四九年以降の台湾における外省人居住地区）のおじいさんが売るあんまんが、特においしいと感じられた。おじいさんは自転車を引きながらゆっくりと移動し、大声で「肉まん〜、マントウ〜、あんまん〜」と、独特な節回しの売り声を響かせる。店主がこのような売り声をあげつつ、自転車を押して歩く姿は、各地の眷村に共通して見られた光景かもしれない。

頭饅大東

自転車の屋台

24 練り粉人形

日本には「原型師」という職業があって、販売されている模型やフィギュアの原型は、どれも彼らの手で作られているという。彼らのように何もないところから美しい造形を生み出す人を、私は心から尊敬する。実は、台湾にも彼らのような市井の達人がいる。それが「練り粉人形」の職人だ。

練り粉人形の職人は、自転車の荷台に木箱を設置し、作業台として使う。木箱にはいくつかの引き出しがあり、完成した人形は木箱の上に陳列される。まずは数色の練り粉を水滴、丸形、棒状のような簡単な形にし、それからつまようじ、ハサミ、ヘラなどの道具でつついたり押したりしながら、様々なキャラクターや動物の形にしていく。人形ができあがると、屋台を取り囲む子どもたちから感嘆の声があがる。子どもたちが大好きな屋台の一つだ。

練り粉人形は食べるためのものとは言えないし、保存期間も短いので、親たちは「見るだけで我慢しなさい」と諭すことが多い。だから、目にする機会はあっても、実際にはなかなか買ってもらえない。大人になってから振り返ってみると、子どもの頃に抱いた練り粉人形へのあこがれが、現在の模型好きな私を育んだのかもしれない。

傳統技藝
捏麵人

自転車の屋台

25

香腸《シャンチャン》

台湾ソーセージこと「香腸」は、台湾ではとても人気のある食べ物で、映画館、工事現場、観光地など、色々な場所に屋台が出ている。値段も安く、一本で小腹を満たせるし、さらには大きなもち米のソーセージに切り込みを入れ、普通の香腸を挟み込む「大腸包小腸」という贅沢な食べ方も生まれた。

香腸の屋台の特徴は、屋台の前方にたくさんのソーセージがぶら下げられていて、とても目を引くところだ。金網にのった香腸から油がしたたり落ち、炭火がジュウジュウという音を立て、白い煙と香りが広がる。待ち時間にも五感が刺激され、食欲をそそられる。

一口噛んだ瞬間、熱い油がジュワッと出て、ひき肉の旨味が口中に広がる。ピリッとした辛みのあるニンニクとの相性は最高で、この数十年間、これに勝る組み合わせを私は知らない。

香腸の屋台にはパチンコ台が置かれていることが多く、ソーセージを食べながら店主と勝負できる。その様子を見ようと集まってきた人たちが歓声をあげて盛り上がるので、香腸を買いに行くことを「香腸を打つ」と言うこともある。

香ばしいにおいを放つ香腸《シャンチャン》は、
見るだけでもよだれが出てくる。

自転車の屋台

26 アイスの屋台

テレビゲームがなかった時代、子どもたちの遊び場といえば公園だった。当時の公園は充実していて、サルの檻《おり》、ブランコ、ぞうさん滑り台の他、様々な面白い屋台もあった。中でも楽しみだったのが、「叭噗冰《パーブーピン》」と呼ばれるアイスの屋台だった。「パープー」というラッパの音が聞こえると、公園にいた子どもたちが遊具から飛びおり、アイスを売るおじさんの自転車めがけてサーッと集まっていく。その様子はまるで砂糖に群がる蟻の大群のようだった。

屋台は通常、自転車のサドルの後方に長い筒状の保冷瓶がのせられた作りで、味の種類はタロイモ、落花生、花豆《はなまめ》など、今から見れば素朴な材料が使われていた。どれか一つの味を選んでもいいし、数種類の味をミックスすることもできた。店の人は独特な黄金色のディッシャーでアイスをすくい、コーンにのせて、首を長くして待っている子どもたちに渡していく。

私にとって、公園で遊んだ一日の最後に叭噗冰を食べるのが、最高に幸せな一日の締めくくり方だった。「パープー」という音の記憶はあまりに鮮明なので、いつの間にか台湾人に共通の記憶となり、昔懐かしい屋台アイスの代名詞となった。

自転車の屋台

27 台湾式おにぎり

もち米で様々な具を包んだ「台湾式おにぎり」を売る屋台は、自転車の後方に車輪付きの作業台を追加した作りにより、作業空間が広がるだけでなく、移動の利便性も損なわれず、まさに自転車の屋台の「強化版」と言ってよいだろう。上部には屋根があり、商品を直射日光から守っている。屋根の梁《はり》には「何月何日は休みます」と書かれたお知らせの紙や、布巾、ビニール袋など、様々な物がぶら下げられていて、まるでブドウの栽培棚のようだ。

昔の台湾式おにぎりは、具材もシンプルなものが多かった。作り方は、タオルの上にラップを敷き、蒸したもち米を広げ、油條《ヨウティアオ》（中華風揚げパン）、干し大根、肉鬆《ローソン》（肉でんぶ）といった具材をのせ、全体を丸く握るというもの。近年ではチェーン店が増え、具材のバリエーションが二十種類以上あるなど、台湾式おにぎりの味もさらなる進化を遂げている。

中学生の頃、バス通学をしていた私は、いつもぎりぎりの時間に起きて、バス停まで走っていくのが常だった。当時はよく、おにぎり一つと紅茶一杯を買い、通学中に急いで朝食をすませたものだ。大人になってからは選択肢も増え、おにぎりを食べることも減った。ここ数年でおにぎりを買ったのは、主に登山のときである。日帰りの登山コースの場合は、早朝に一つか二つおにぎりを買えば、昼食を簡単にすませられるし、腹持ちも充分だ。

大埔飯丸
甜飯丸
素食飯丸

自転車の屋台

28
豆花《ドウファ》

豆花は私の大好きなスイーツだ。豆乳をゆるめに固めて作られた、つるりと繊細な食感が特徴で、黒蜜やトッピングを添えることが多い。だが、豆花の食感やトッピングは、地域によっても少し違う。例えば、屏東の豆花はややしっかりめの食感で、甘いシロップと落花生の粉をかける。一度、豆乳を入れた豆花を食べたこともあるが、甘い豆花を食べ慣れた私にとって、そのさっぱりした味わいはとても新鮮だった。

最も古い豆花の記憶は、おそらく幼少時に街で見た豆花の屋台だったと思う。遠くから「豆花〜、豆花〜、おいしい豆花〜」という声が聞こえると、隣近所から「豆花が来たよ！　早く買いに行って」という声が聞こえ、急いでサンダルをはき、家を飛び出す人たちの姿が見える。サンダルの「ペタペタ」という音、ゆっくりと進む自転車の屋台、それを呼び止める客たち。その光景の中に、私の祖母もいた。

祖母は、豆花の屋台が来るたびにいくつか買い、冷蔵庫に入れておいてくれた。当時、冷たい豆花を食べるのはとても幸せなことで、毎日午後に豆花の屋台が来るのを心待ちにしていた。大人になっても豆花への愛は衰えず、食事のあと、近所の豆花店へ繰り出して、落花生を添えた冷たい豆花を食べることも多い。豆花は五分も経たぬうちにお腹に収まり、甘味への欲求を素早く満たしてくれる。百元札が一瞬で消えてなくなるほど値が張るケーキに比べると、豆花は硬貨数枚で買えるコスパの高いスイーツだ。

落花生添えの豆花は、
永遠に甘い思い出の味だ。

自転車の屋台

29 ヤクルトママ

ヤクルトの屋台といえば、三輪車の後ろの荷台に保冷用の発泡スチロールの箱が置かれ、赤と白のパラソルに「養楽多（ヤクルト）」の文字が印字されているというイメージがある。店を営むのは結婚や出産後に再就職した女性や兼職者などが多く、「ヤクルトママ」と呼ばれている。

ヤクルトは幼少時によく飲んだ飲み物の一つだ。ヤクルトは中国語で「養楽多《ヤンラードゥオ》」と言うが、小さい頃は正しく発音できず「養楽兜《ヤンラードウ》」のように発音していた。当時は確か一本わずか五元で売られていたとはいえ、一気に飲み干すのがもったいなくて、蓋をはがさずにボトルを逆さまにして、底のほうをかじって小さな穴を開け、そこからちびちび飲むことが多かった。

ヤクルトを冷凍庫に入れると、即席のヤクルトシャーベットができあがる。冷凍庫から出すと、蓋のところがやや盛り上がっているので、蓋を開けたら何度か口で吸い、一滴ももらさないようにする。それから、金属スプーンの持ち手の部分で氷をほじくって食べる。こうすれば、氷の冷たさも、口の中で溶ける味わいも両方楽しめる。一本の小さなヤクルトで、色々な楽しみ方ができた。

養楽多

自転車の屋台

30 おしゃれな三輪車屋台

様々な交通手段が普及した今、単純に「移動」を目的とするなら、バイクやトラックなど利便性の高い車両を屋台車に選ぶ人が多い。だが、それでもあえて自転車を選ぶのは、単なる移動が目的ではなく、デザインや美観を重視しているからだ。

店主は改造済みの自転車を購入したあと、いくらかの装飾を加えるだけで、営業の基本設備が整う。このような自転車は特殊なデザインなので、最近流行りのハンドメイドマルシェにもぴったりで、写真を撮る客も多い。オリジナルの屋台車ばかりが集まるイベントもあり、参加する場合はテーマに沿った屋台車であることが求められる。

このような屋台車は自転車の前方に重い作業台を備えつけていることが多く、デザインとしては面白いが、重心が前に来るため、右折や左折が難しい。長く使うと、ハンドルの中央に負荷がかかって壊れやすい。そのため、このような屋台車が街中を実際に移動しながら販売している光景を見ることはあまりなく、一カ所に固定して店を開くことがほとんどらしい。これも、自転車の屋台の時代による変化であろう。

SomeTime
重磅乳酪
生乳捲
炙燒布蕾
脳奶奶蛋糕
Some Time

MaruCorner COFFEE STAGE&BA
丸角後院
丸角後院
丸角

バイクの屋台

バイクは台湾で最もよく見られる移動手段で、少量の商品をのせる機能もある。だが、自転車に比べると手で押しながら歩くのは大変なので、バイクを利用する屋台は、まずどこかへ移動して停め、その場所に「固定」した店を開くことが多い。バイクの後ろに引き車をつけて移動屋台にしたものもあれば、バイクの荷台を延長して三輪バイクにするという、より大がかりな改造を施したものもある。大通りも小道もスイスイと走れるし、積載量が増えてより多くの商品を販売できる。

バイクの改造のしかたは本当に様々で、それぞれに特色があるが、中には法律に反するものもある。近年では、三輪バイクの形に改造されることが多い。法律でも許されているし、デザイン面でも特色が出せるからだ。

バイクの屋台

31 ファスナー交換

修理技術を提供する屋台は、あまりたくさんの商品をのせなくてよい。簡単な修理道具だけで、どこへでも移動できる。あるとき、市場でファスナー交換の屋台を見かけた。停めたバイクに寄りかかるように、サービスメニューが細かく書かれた看板が立てられている他は、椅子を二つ並べただけの屋台だ。片方の椅子に店主が座り、もう片方の椅子には道具を置いて、即席の作業台として使う。

実のところ、その場でファスナー交換をする店主は、自分自身が生きた看板のようなものだ。いつも決まった場所で営業する人もいれば、曜日によって異なる市場で店を開く人もいる。

ファスナー交換は、あまり需要がないように見えて、いざ必要になったときにないと困るものだ。以前何度かリュックサックのファスナーが壊れたとき、それだけで新調するのは嫌だったので、インターネットで探してみて知ったのだが、ファスナーの交換をする店はとても少ないのだ。このような店主を見かけるたび、これも一種の「伝統技術」なのだと感じる。新しいリュックサックを買うよりは、ファスナー交換のほうが当然、安くすむのだ。

吉
衣
夾克代客換拉鍊頭
現場爲您服務
馬上好
全年無休住家服務・技術本站
西區市
星期五・日
北區市星期二・四・六
建國市星期一・三
服務項目
皮包
雨衣
其他
公正街3號

バイクの屋台

32 兵営の「小蜜蜂《シャオミーフォン》」

台湾で兵役を経験した人なら誰でも、「小蜜蜂」という名前を聞いたことがあると思う。軍の訓練の休憩時間に、訓練場の近くに現れる民営の食べ物屋台全般を指す言葉だ。バイクの屋台もあれば、より大きなトラックの屋台もある。「小蜜蜂」という名前の由来は分からないが、彼らは訓練時の重要な「補給隊」であったし、兵役を経験した者にとって大切な思い出の一つだった。

「小蜜蜂」が出現するたび、小椅子に腰かけた兵士たちは浮かれた気持ちを隠しきれず、獲物を狙う虎のような目つきでチャンスをうかがう。上官の許しが出るまでは、勝手に買うことはできない。そんなとき、上官も心中は悩ましかったことだろう。部下たちに外食をさせることには色々と心配がつきまとうが、「ご褒美」をあげることも、士気の向上につながるからだ。

上官の同意が得られると、休憩の号令が出た瞬間、兵士たちが「突撃」を開始し、屋台を包囲し、屋台の食べ物は一瞬で「殲滅《せんめつ》」される。今でもよく覚えているのは、部隊が基地で野営の訓練を行っていたとき、夜にトラック型の「小蜜蜂」がやってきたことだ。牡蠣《かき》そうめん、さつま揚げ、中華チマキや飲み物など、様々な食べ物を売るトラックが一度に何台も乗りつけたので、もともとは照明のなかった野営地が突然明るくなり、まるで市場のように壮観だった。

バイク型の「小蜜蜂」で最も有名なのは、高雄の鳳山《ほうざん》歩兵学校の裏山に出没する「阿鳳姐《アーフォンねえ》さん」の店であろう。学校の裏山には囲いがなく、その山中に訓練場や射撃場があるのだが、彼女はレーダーでも装備しているかのように、部隊の訓練場所を正確に把握し、休憩時間ぴったりに現れるからだ。

阿鳳姐さんは数十年もの間、一度も値上げすることなく、中華チマキを一個二十元で売り続けている。この店で、甘辛ダレたっぷりの中華チマキを二つ、飲み物一本を買う人が多かった。阿鳳姐さんは、多くの上官たちが若い頃に彼女のチマキを食べたことを誇りに思っている。ごく普通の食べ物だと思うかもしれないが、兵士たちにとって、小蜜蜂はある種の「救い」であり、自由を象徴する味だったのだ。

バイクの屋台

33 臭豆腐《しゅうどうふ》

臭豆腐がものすごく存在感の強い食べ物であることに疑いの余地はない。その強烈なにおいは多くの外国人を恐れおののかせ、「猟奇的な食べ物」だと目されることすらある。だが、台湾人にはそれほど嫌われておらず、むしろ臭ければ臭いほどよいとさえ考えられている。発酵させた豆腐を揚げて、皿に盛り、特製ダレと台湾キムチをのせる。外はパリパリ、中はしっとりと軟らかい豆腐に、甘酸っぱくて歯ごたえのあるキムチの組み合わせは、午後のおやつや夜食にぴったりだ。

挿絵の臭豆腐の屋台は、バイクの後方に二輪の荷車を取りつけ、後ろの部分で調理と販売を行っている。台湾でよく見かけるタイプの作りだが、実のところ、その多くは改造が違法で車検を通らない。彼らの営業は罰則のリスクと隣り合わせなのだ。法治国家の観点から見ると、検挙は当然であるが、これが現実で、誰もが生活と社会規範の妥協点を模索しながら、生きる道を見出している。

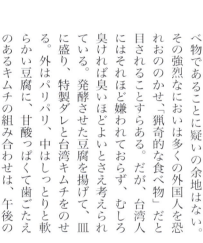

揚げた臭豆腐とさっぱりした
台湾キムチの相性は最高だ。

バイクの屋台

34 生活用品

現在、都市部の生活は便利になり、生活用品を買おうと思えば、家から遠くないところにある大型スーパーでほぼ何でも手に入る。だが、少し昔を振り返ってみると、当時は大型スーパーがそれほどなく、各家庭の生活用品は、このような街中を移動する雑貨屋台に依存していた。

生活用品の屋台は、バイクに荷車を追加した改造車が多く、荷車の部分に様々な商品が詰め込まれている。さらには荷車だけでは場所が足りず、荷車の後方に突き出た鉄パイプにもほうきなどがぶら下がっている。荷車の屋根は雨をしのぐだけでなく、屋根の上にハシゴや物干しざおなどがくくりつけられている。荷車の周囲に無造作に取りつけられた固定用の鉄パイプは、ゆらゆらと今にも落ちそうで、見るたびに冷や汗が出る。

様々な商品の色が屋台にカラフルな色彩を添え、生活用品で飾られた豪華なみこしのようだ。私はこのような光景を目にすると、映画『マッドマックス 怒りのデス・ロード』に出てくる改造車をいつも思い出す。店主はいったいどんな発想で、バイクをこのように改造しようと思い立ったのだろう。

バイクの屋台

35 包丁研ぎ

「包丁研ぎ〜、包丁研ぎ〜」という台湾語のスピーカー音声が街中で聞こえてきたので、そちらを振り返ると、一台のカラフルな屋台が見えた。店主は屋台の後方に座り、一心に包丁を研いでいる。包丁を研ぐサービスの他、屋根の梁には様々なナイフや包丁が整然とぶら下げられ、選んで買えるようになっている。

屋根の周囲には様々な色の布が結ばれ、どことなく、タイのカラフルな街並みを思わせる。屋台の片側には、おめでたい「春」の字も貼られている。こういうところからも、細部や美的感覚を重視し、屋台の外観にこだわりを持つ店主の人柄が分かる。お気に入りのスポーツカーを見てほしいと思う人がいるように、自分の屋台を見てほしいと思う人がいても不思議はない。店主がそのような気持ちで屋台を飾りつけているとしたら、屋台は移動する芸術作品のようなものだ。お祭りのパレードを待たずとも、普段から路上で見ることができるのはとても都合がいい。

包丁研ぎの屋台は不規則なルートで街中を進む。手招きをする客がいれば、その家の前に屋台を停め、荷台で作業を開始する。包丁研ぎの屋台はゆっくり移動したほうがいいと思う。そうでないと、研いでほしい刃物を手にした人が必死の形相で追いかけてくることになり、かなり恐ろしいからだ。

春
YUASA

バイクの屋台

36 深夜の麺屋台

あるとき、基隆の有名な崁仔頂《かんしちょう》魚市場を訪れた。市場の風景は目をみはるほど素晴らしかったが、その他にも、慶安宮《けいあんきゅう》の入口で見かけた深夜の麺屋台がとても印象に残った。

その麺屋台は、牽引するための動力となるバイクとその後部に取りつけられた荷台が渾然《こんぜん》一体となり、まるで殻を引きずるカタツムリのような面白い形をしていた。メインの陳列ケースには小皿料理やタバコが並び、そのそばには備えつけの煮鍋がある。屋台の周囲には開けばテーブル、閉じれば荷台のサイドガードになる折り畳み式の板がついている。上方にも棚が追加され、使い捨ての食器などが入っている。空間を余すところなく利用した、まさに「収納の達人」である。

魚市場は早朝から営業が始まる。真冬のある日、屋台は鍋からもくもくと立ちのぼる蒸気に包まれていた。私は屋台に近づき、値段のないメニューを見て、適当に炒めネギの汁なし麺とワンタンスープを注文した。屋台のおかみさんは、その場ですぐにワンタンを四つ鍋に入れた。待っている間には、魚市場へ仕入れに来た人たちがひっきりなしにタバコや飲み物を買っていく。おかみさんが忙しそうなので、自分で発泡スチロールの箱を開けて飲み物を取り、代金をテーブルに置き、一言二言話しかけて去っていく人もいる。

私の注文した料理は間もなくできあがった。熱いスープを一口含み、それから炒めネギがのった汁なし麺を口に放り込むと、この麺屋台が魚市場に来る労働者にとってどれほど重要か理解できた。寒空の下、仕事前にこのような熱いスープと麺を食べれば、お腹も心もほっこりと温まるに違いない。

私はその後も何度かこの魚市場を訪れ、そのたびにここで麺を注文した。私にとって、これが崁仔頂の味覚の記憶となり、来るたびにあの寒い夜の感動をまた味わいたくなる。

滷肉飯
麻醬麵
冬粉
肉燥飯
貢丸湯

バイクの屋台

37 熱々の客家麻糬《ハッカもち》

　この客家麻糬を売る屋台は、バイクと荷台が一体化したような、よく見るタイプのバイクの屋台とは異なり、前方の三輪バイクが後方の荷台を引っ張る形となっている。三輪バイクの前方には、基隆ではおなじみの風よけカバーがついている。サドルの後方には収納箱が一つのせられ、そこに一組二百元と書かれた電動歯ブラシがぶら下げられている。これは店主の副業かもしれない。

　オレンジ色の看板がとても目立ち、色彩の対比が道行く人の目を引く。鉄鍋の蓋を開けると、熱々の麻糬が浮かんでいる。そばにある三つの収納箱には、それぞれ紙皿、落花生の粉、胡麻の粉が入っている。よく見ると、それぞれの箱が細いワイヤーで固定されているが、それは移動時の落下を防ぐためであろう。屋根の支柱には、急な雨に備え、赤い傘がくくりつけられている。このような改造屋台の面白さは、よく見ないと見逃しがちな細部の工夫にある。店主は細やかで、きちんとした人であるに違いない。

客家熱麻糬
10粒
60
花生
黑芝麻
綜合
客家熱麻糬
古早味
客家熱麻糬
一組200元

バイクの屋台

38 トゥクトゥク屋台

流行を意識したおしゃれなマルシェイベントなどでは、新しいタイプの屋台がよく見られるが、タイの「トゥクトゥク」を改造した屋台もその一つである。前部の運転席は日よけや雨よけが可能で、後部の陳列ケースは美観と利便性を兼ね備えたデザインだ。斬新なデザインは人気で、屋台の写真を撮る人も多い。

　私たちは往々にして車の「積載量」ばかりを考え、開店時の利便性を見落としがちだ。もし店主が営業場所に到着後、商品を陳列したり、運び出したりするのに長くかかっていたら、商売的にはマイナスである。このような三輪車の屋台は、機動性を損なうことなく、必要な商品のすべてが荷台に固定されているおかげで、店主はバイクに乗って営業場所まで行くだけで、他にテーブルなどを並べる必要もなく、すぐに開店できる。店主にとっては便利で実用的、かつ美観にも優れたスタイルである。

牛蒡絲
50
小廚

MaruCorner COFFEE STAGE&BA
丸角後院
丸角後院
丸角

トラックの屋台

屋台に積載量を求めるなら、各種のトラックが最良の選択肢だ。荷台の広い空間に商品を陳列することもできるし、業態ごとの必要に応じて収納用、作業用、陳列用などとして利用することもできる。営業場所に着いたら、荷台のシートを外して、少し整えるだけで開店準備が完了する。まるで「変身ロボット」のようだ。

商店がまだあまり普及していなかった頃、住宅街の路地裏にトラックの屋台が行き来する光景をよく見かけたものだ。スピーカーが繰り返し流す大きな売り声は、多くの人の耳に懐かしい記憶として残っている。現在、都市部では商店が林立しているが、辺境の小さな町では今でもこのようなトラックの屋台が見られる。

近年では、大金を投じて車両を改造する店主も少なくない。珍しい外観はそれ自体にブランド力があり、イベント会場などで注目を集めることができる。だが、改造が現在の法律にそぐわなければ、毎年の車検を通すためにさらなる改造を施す必要が生じ、その出費も馬鹿にならないため、これもトラックを改造する際の悩みの種となっている。

トラックの屋台

39 果物屋

このような果物屋こそ、トラックの屋台の最も原初的な姿ではないだろうか。かつては改造するときに外観はそれほど重視されなかった。特製の陳列棚などもなく、荷台の屋根に伸縮式のひさしをつけただけの簡単な改造で、商品を荷台に並べ、市場まで運んで販売する。販売場所まで来たらひさしを上げて日よけに使う。荷台に山のように積まれた果物を、客は自由に手に取って選ぶ。市場では、季節ごとに異なる果物を売るトラックが見られる。

自分で手書きの看板を作成する店主もいて、個性的な字で品名や価格が書かれた板が、車の周囲に適当にぶら下げられている。高低まちまちの看板が、意外にも不揃いな美観を生み出し、曲がりくねった手書きの字には「へたうま」の趣がある。私は手書きの看板をスケッチするのが特に好きなのだが、このような素朴な美しさは今でも各地の市場に残されている。

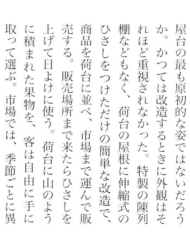

塩田地瓜
抗癌第一名
4斤50元
紅心
南寮
白河
椪柑
3斤
99
黑糖
麻豆
塩田地瓜
紅心

トラックの屋台

40 網戸の修理

網戸はどこの家にもあるものだ。めったに壊れないが、一旦小さな穴が開くと、目ざとい蚊が夜闇に紛れて侵入し、耳元でぶーんと騒ぎ、肌にいくつもの赤い置き土産をしていく。

網戸の修理は簡単そうに見えるが、材料を揃えるのは結構大変で、きれいに直すには技術もいる。そんなとき、「網戸の修理～、ガラス交換～」というスピーカー音が聞こえたら、救世主に思えるに違いない。

修理サービスのトラック屋台は、面白いことに、網戸の修理やガラス交換だけでなく、鍵の交換などもできることが多い。トラックの荷台はとてもうまく区分けされていて、上部には隙間テープのロール、引き出しにはこまごまとした工具、荷台の中央にあるA字形の棚には網戸の素材などを丸めたものが収納されている。このA字形の両側の斜面は、様々な物を内向きに立てかけるのにちょうどいい。その他にも、車両の隅々に宣伝文句や電話番号などがびっしりと書かれている。これらの細部に店主の工夫やこだわりが見て取れて、とても感心してしまう。

客に呼ばれたら、店主は道端に車を停め、荷台から木板を一枚取り出す。そして、木板の片方を荷台の後ろ、もう片方を支柱で支えて即席の作業台にし、客の悩みをその場ですぐ解決する。このように細やかで素早いサービスがあればこそ、今日までこの屋台が生き残っているのだろう。

維修專線 0912441
換門
換鎖
玻璃
紗門
紗窗
到府服務
玻璃
更換
玻璃
紗窗
紗門
紗窗
紗門
百葉窗

トラックの屋台

41 デニム服

デニムパンツといえば、定価が千元以上もする印象だが、夜市で見かける服飾品の屋台では、予想外に安い値段で売っていることがある。一着わずか二百九十元という手頃な価格は、社会に出たばかりの若者や、耐久性の高い服を求める肉体労働者にとってはとても魅力的である。

デニム服の屋台を見たとき、私がまず目を引かれたのは、上部の二つの黄色い電灯が闇夜を照らす光景だ。黄色い光が青紫色のデニムパンツを絶妙な色合いに見せる。電灯の支柱にもデニムパンツが数枚ぶら下げられ、商品がそのまま看板となっている。そばにあるキャンバス布には、値段が手書きで書かれている。このような簡単で思いきった陳列には、地元の庶民文化らしい美しさがある。

トラックの荷台には、デニムパンツが山のように積まれている。車両の横に作業台が一つ設置され、客が選びやすいように服が陳列されている。使い込まれた古いミシンがあるのも、このような屋台ではお約束である。このミシンは熟練の技の象徴であり、その場で裾上げなどのサービスができるという目印でもある。このような親切で素早いサービスは、大手の服飾店やネットショッピングでは提供されない。今では大手の服飾店で服を買う人が増えたが、昔は多くの家庭がこのような屋台で服を買っていた。

牛仔褲
件 290

トラックの屋台

42 アルミバシゴ

あるとき道を歩いていると、遠方から「ハシゴはいらんかね〜、アルミのハシゴ〜」という声が聞こえ、アルミバシゴをいっぱい積んだトラックが、ものすごくゆっくりと路地裏を進んでいくのが見えた。私はすぐにスマートフォンを取り出し、その珍しい光景をカメラに収めた。トラックの上部には、ハシゴが車体の二倍近い高さまで積まれ、縄できつく縛られている。まるで積載量の限界に挑戦するような危うさに、冷や汗が止まらない。

ハシゴを店で買っても持ち帰るのが大変なので、かつてはこのように路地裏を行き交うトラックの屋台が、買う人の運搬の悩みを解決してくれた。現代の都市部では生活機能が発達し、何を買うのも簡単で、インターネットで購入して家まで配達してもらうこともできる。消費者の習慣も変化し、今ではこのようなトラックの屋台は徐々に姿を消しつつある。

道路でスピーカーから流れてくる売り声を、うるさいと思う人もいるかもしれないが、見方を変えてみると、このような音は失われつつある生活の記憶である。トラックが走るルートは不規則なので、このチャンスを逃せば二度と聞くことがないかもしれない。今後アルミバシゴの屋台を見かけたときは、スマートフォンを取り出し、その貴重な姿を写真に収めてみてはいかがだろうか？

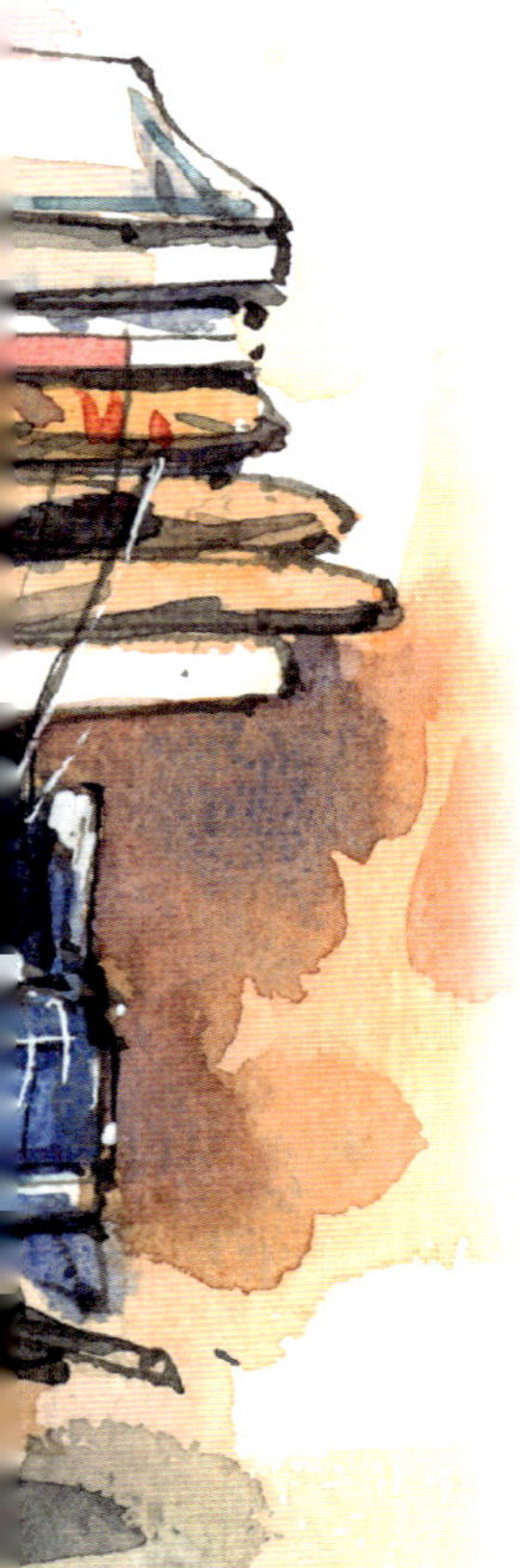

0992

トラックの屋台

43 焼き芋

台湾人にとって、サツマイモは変幻自在な食材だ。様々な調理法があり、甘い味付けにもしょっぱい味付けにも合い、火鍋、デザート、サラダ、揚げ物など、どんな料理にも登場する。

幼い頃、家の近くには田畑があり、子どもたちはそこで一つ一つ土の塊を積み重ねて「土かまど」を作るのが大好きだった。かまどの中にサツマイモを入れて蒸し焼きにし、待ち時間には、そばで虫を捕まえたり、土遊びをしたり、アオガエルを釣ったりした。焼き芋ができあがると、かまどから出し、表面の土を払う。芋を割ると、ほかほかの白い蒸気が上がる。土や炭のにおいが混ざった甘い香りは、幼い頃の遊びの記憶としっかり結びついている。

大人になってからは、土かまどを作る機会はなかったが、焼き芋の屋台は今でも見かける。このような屋台にはだいたい窯が一つあり、その中にたくさんの焼き芋が入っている。客は自分で好きな大きさの焼き芋を選び、重さに応じた代金を払う。

トラックの荷台には、窯などの道具や、生のサツマイモが入ったカゴがのっている。上に立って作業できるよう、荷台の屋根の位置が高く改造されている。上方には日よけテントが飛び出し、待ち時間の休憩スペースになっている。最近ではトラックを改造してキャンピングカーにするのが流行しているが、トラックに機能を詰め込むことにロマンを感じる人が多いということだろう。実は、こうした昔ながらのトラックの屋台にも同じような工夫が凝らされていて、見方を変えれば、これもロマンの表れなのだ。

九如
吉
蜜地瓜糖
烤地瓜

トラックの屋台

44 東山鴨頭《ドンシャンヤートウ》

「東山鴨頭」という店名の由来は、台南《たいなん》の「東山」だと言われている。パッと見は滷味《ルーウェイ》という煮込み料理に似ているが、東山鴨頭は煮汁で煮詰めたあと、さらに油で揚げ、最後に調味料と白ゴマを振りかけた、やや甘味のある料理である。アヒルの頭などの特別な部位を好むグルメな人は多いが、そうした部位を食べ慣れない私にとって、米血《ミーシュエ》糕《ガオ》やさつま揚げなどの付け合わせのほうが好みだ。

　このような屋台は移動する調理場のような作りになっていて、車を停めたあとは、荷台の周囲にあるカーテンを巻き上げるだけで、営業を開始できる。小さくとも機能は充分で、屋根の上には看板が外付けされ、荷台の限られたスペースには陳列棚と作業台が配置されている。陳列棚はわざと斜めに設計されていて、色や形が様々な食材が整然と並べられ、一目で見渡せるようになっている。

　客が食材をカゴに入れて渡すと、店主が鍋で揚げてくれる。鍋の横には排気管が取りつけられ、煙を逃がしている。

　このような屋台は道端に停めて営業する場合が多く、客のバイクも近くに駐車するので、通行人の邪魔になるし、煙を嫌う近所の人に通報されることもある。だから、最近では夜市に活躍の場を移し、決まった場所できちんと賃料を払って営業していることがほとんどだ。こうすることで、店主も安心して営業できるし、街並みや道路状況も改善される。

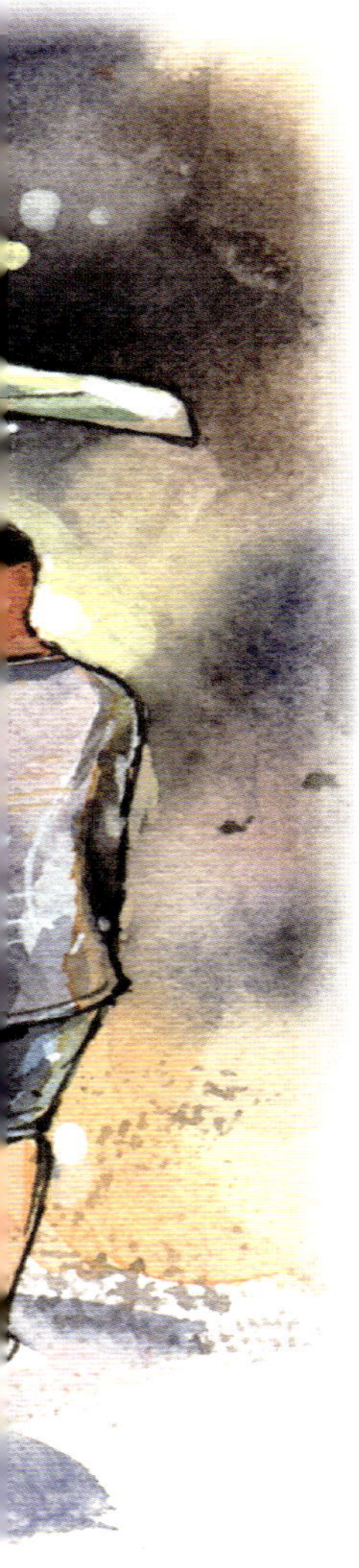

東山鴨頭

トラックの屋台

45 移動式パン屋

子どもの頃は、夜に勝手に外出することはできないし、家の近くにそれほど店もなかった。そんな中、夕食後に最も心待ちにしていたのが移動式パン屋だ。

作りとしては、八人乗りのミニバンを改造して後部座席を取り外し、引き出しのついた金属棚を設置して、そこにパンなどの商品を陳列するというものが多い。パンがよりおいしく見えるよう、車内に黄色い照明が取りつけられているため、夜道を走っていると特に目立つ。

路地裏に入ると、『Red River Valley（赤い川の谷間）』という英語の歌とともに「パン屋さんが来ました。メロンパン、あんぱん、肉そぼろパンはいかがですか……どうぞお買い求めください」という売り声を大音量で流す。この聞き慣れた音を耳にすると、私はたちまち嬉しくなり、家族にパンをねだったものだ。

深夜にパン屋のドアが開かれる様子は、まるで宝箱を開けるようで、中にある様々なパンはどれも宝石のごとくきらめき、見るだけでよだれが出そうだった。私のお気に入りは、素朴な味のメロンパンと肉そぼろパンだった。中にチョコクリームが詰まった貝殻のような形のコロネパンや、表面にチョコレートが塗られて中にイチゴジャムが入っているチョコパンもおいしかった。振り返ってみると、子どもの頃は手に入る物が限られていたが、それゆえにかえって些《さ》細《さい》なことを大切にして、たくさんの楽しい思い出を残せたのだと思う。

西點
麵

トラックの屋台

46 感情蘿蔔粄《かんじょうローポーバン》

昔のトラックの屋台に比べると、今どきのキッチンカーは外観デザインを重視していて、おしゃれなマルシェイベントなどでは、様々なデザインのキッチンカーが出店している。明るくきれいな外観は、清潔感だけでなく、ブランドイメージも印象づける。コストはかかるものの、多くの店主が改造費用を惜しまない。競争の激しいマルシェでは、魅力的な外観でないと注目を集められないからだ。

台湾の中部や南部の市場では、このような紅白のキッチンカーをよく見かける。車体の側面に「No. 28 DINNER CAR」と書かれているのは、店主の創業時の年齢を表している。創業時にはハンバーガーを売っていたが、紆余曲折を経て、店主の祖母の家に伝わる大根餅を改良し、「感情蘿蔔粄」というブランドで再出発した。

「蘿蔔糕《ローボーガオ》ですか？」というのが、客から最もよく訊かれる質問であろう。だが蘿蔔粄は、細切り大根、小口切りのネギ、すり身のエビを混ぜた生地を揚げ焼きにしたものであり、蘿蔔糕とは見た目もかなり違う。これに胡椒を振り、特製レモン醤油をかければさらに味が引き立つ。これまでに白餅入り、サツマイモ入り、栗入りなどの味も開発され、どれもよく売れている。

八人乗りのミニバンを、屋根に蝶番《ちょうつがい》がついた上方に開くタイプのドアが両側についたキッチンカーに改造し、車内に収納棚と揚げ油をのせる作業台を設置。後ろの空間にはぬいぐるみや「感情蘿蔔粄」と書かれたのれんなどの装飾を施している。

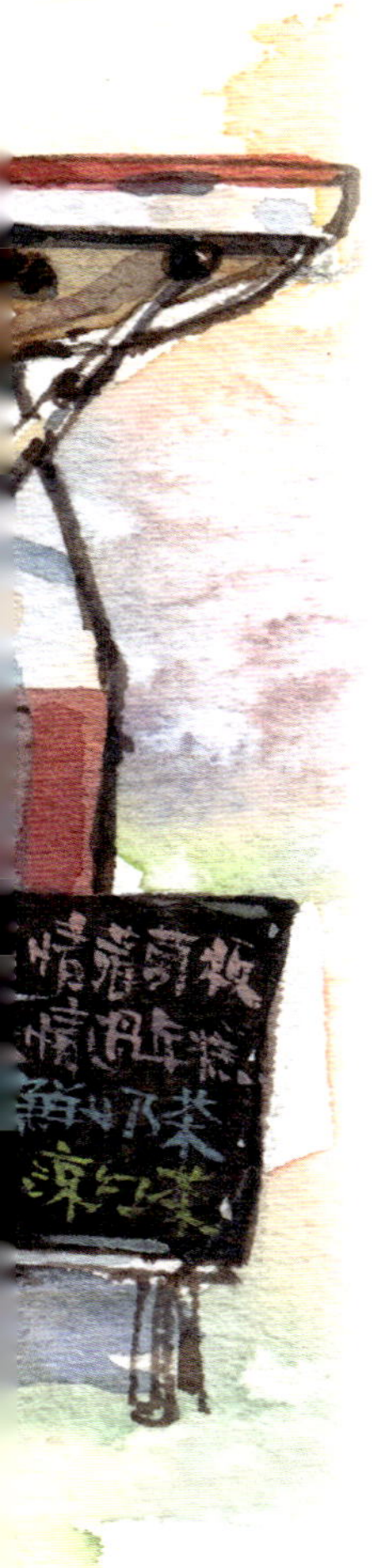

感情蘿蔔
NO.28 DINNER CAR

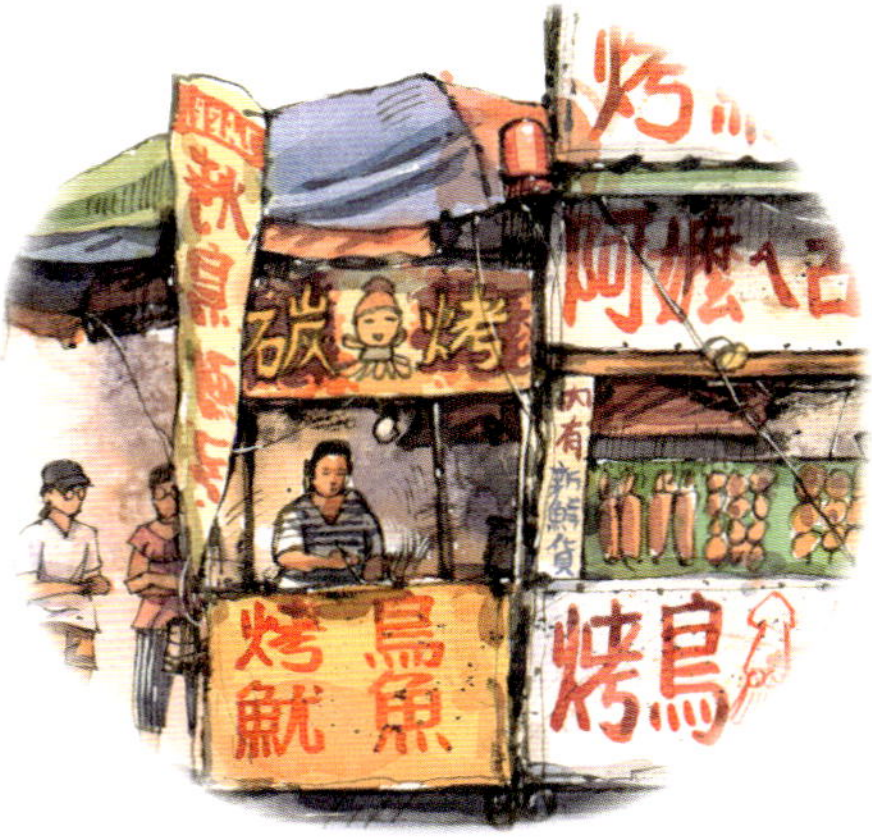

布一枚、机一つと椅子二つで、
小さな露店を開業できる。
限られたスペースを最大限に
活用し、物を積み重ねる。
それが露店の生きる道であり、
商売の道なのだ。

PART 2

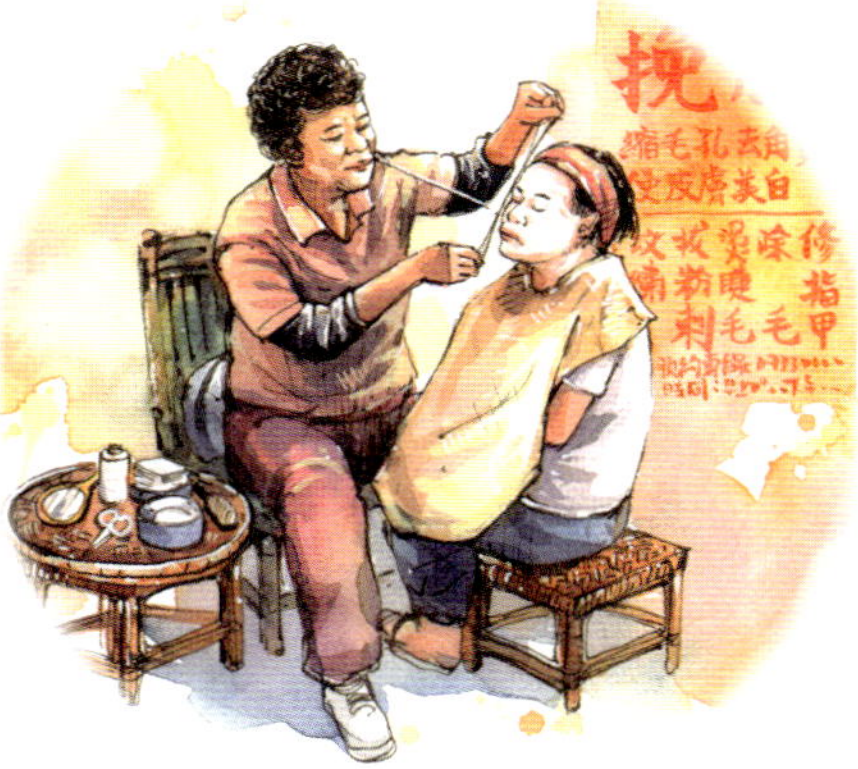

営業場所が決まっている露店

BAO
雞蛋糕

商品を地面に広げる露店

少量の商品を定位置まで運び、地面に布や紙箱を置き、その上に商品を並べてそばに座れば、たちまち露店が開業できる。

商品を地面に広げる露店は、一人で物を持ち運びながら売る「立ち売り」に比べて多くの商品を陳列できるため、商品の種類を増やすことができ、移動しながら売る必要もなく、簡単で便利な出店形式だと言える。固定客をつかむため、同じ場所で営業する店が多い。

だが、地面に商品を並べるのは衛生面での懸念があり、街の外観を損なうと考える人もいるので、近年では問題視されることも多い。とはいえ、こうした露店は身一つでたくましく生きる姿の象徴であり、生活感にあふれた台湾らしい光景でもある。

商品を地面に広げる露店

47 野菜の露店

市場の周りでは、道端や歩道に布や箱を置き、そばに座って自分の育てた野菜を売る露天商をよく見かける。

こうした店は常連客の好みや習慣をよく把握しており、彼らがどんな商品を買いたいのかも予測できる。客は買った野菜をどう料理すればいいか質問することができる。ネギ、ショウガ、ニンニクなどを薬味として少量だけ欲しいとき、おまけとしてつけてくれる場合もある。野菜を売りきるためにずっと座ったままの店主を見て、早く店じまいできるよう残りを全部買っていく親切な客もたまにいる。

総じて露店が営むのは、このように心と心が通い合う商売だ。お金を稼ぐためであると同時に、心地よく楽しい買い物という無形の価値も提供している。露天商と客の間にあるのは単なる取引ではなく、互いに支え合う関係性だ。このような人情味も露店の持つ独特の魅力の一つである。

スーパーが普及した現在でも、このような露店が完全には淘汰されていない理由は、野菜の新鮮さや手頃な価格、融通の利くサービス、心の通うやりとりといった強みがあるからではないだろうか。

商品を地面に広げる露店

48
鮮魚の露店

海辺の町の市場では、早朝に女性たちが集まって、前の晩に自分たちが釣った魚介類を売りさばく姿をよく見かける。例えば、屏東県の小琉球《しょうりゅうきゅう》もそんな場所の一つだ。

数人の女性たちが地面に緑色の防水シートを広げ、肩を並べて座っている。オレンジ色の四角い貯水タンクには、金属のトレイがのせられ、その上に新鮮な魚介類が並べられている。客の希望で魚をさばいたり小分けにしたりできるよう、そばには小さなまな板も置かれている。時折おすすめの料理法や付け合わせについて質問をされると、自らも主婦である店主たちはすらすらと答えることができる。

市場には楽しそうな笑い声や、話し声が飛び交っている。店の女性たちは、たわいもないおしゃべりをしながら、客の値段交渉にも冗談を交えつつ気さくに対応している。露店というよりは、近所の人たちが一緒に出稼ぎに来ているような雰囲気だ。こうしたにぎやかな雰囲気が味わえるのも、朝市の面白さである。

商品を地面に
広げる露店

49 海辺のヤドカリの露店

海辺が観光地になると、そこから新たな商売が派生して、飲み物を売る屋台や海に関するお土産の露店などが現れる。例えば、瓶に入った「星の砂」は観光客に人気が出て、その土地の名産品になった。貝殻にプラスチックの笛を取りつけて、きれいで楽しい玩具にした店もある。海辺に落ちている大きな巻貝は天然の芸術品のように美しく、持ち帰って家に飾る人もいるので、これはそのまま商品になる。

このようなお土産の他にも、昔は海辺で捕まえたヤドカリを売る露店も少なくなかった。幼い頃には、海に行くたびにヤドカリに心を奪われたものだ。露店のそばにしゃがんでヤドカリの小さな脚が動くのを眺めながら、「お願い、買って！」とばかりに、潤んだ瞳で両親を見つめていた。両親は「買ってもすぐに死んでしまうよ」といつも冷静に注意したが、何度かは買ってくれたこともある。

買って帰って間もなく、ヤドカリが殻を替える「引っ越し」のときを迎えたが、適当な殻がなかったので、食卓に残っていた巻貝をあげてみた。すると当然ながら、ヤドカリはすぐに全部死んでしまった。最近では、海辺でヤドカリや巻貝を見つけることは難しくなり、また環境意識の高まりにより、こうした行為はあまり認められなくなった。現在、ヤドカリを売る露店はあまり見られない。

寄居蟹
30元
40元

商品を地面に広げる露店

50 『大誌《ビッグイシュー》』の販売員

『大誌』はイギリス発祥の雑誌『The Big Issue』の台湾版で、二〇一〇年より台湾で発行されている。販売員は主にホームレスや社会的弱者であり、駅の近くなどでその姿を見かける。『大誌』はこのような販売方法で、社会的弱者に仕事の機会を与えているのだ。

人目を引く鮮やかなオレンジ色のベストを着て、街角で知的な雑誌を売るホームレスを初めて目にしたとき、そういう人たちに対する私のステレオタイプな印象が一気に崩れ去った。このような販売方法が取られる背景を理解したあとは、雑誌の持つ変革への意識に心を打たれ、購入によって活動を支援したいと思った。

販売方法に疑問を呈する声、ホームレスを「利用」した売名行為だという声、ホームレスが販売していなかったら、これほど売れなかったという声なども聞かれる。だが、何事にも善悪両面があるものだから仕方がない。個人的には、『大誌』がこのように販売されるようになったきっかけは善意だと思うし、社会的弱者が自力で生活できるようになり、達成感を得られるとしたら、それはやはり重要な社会的支援に違いない。

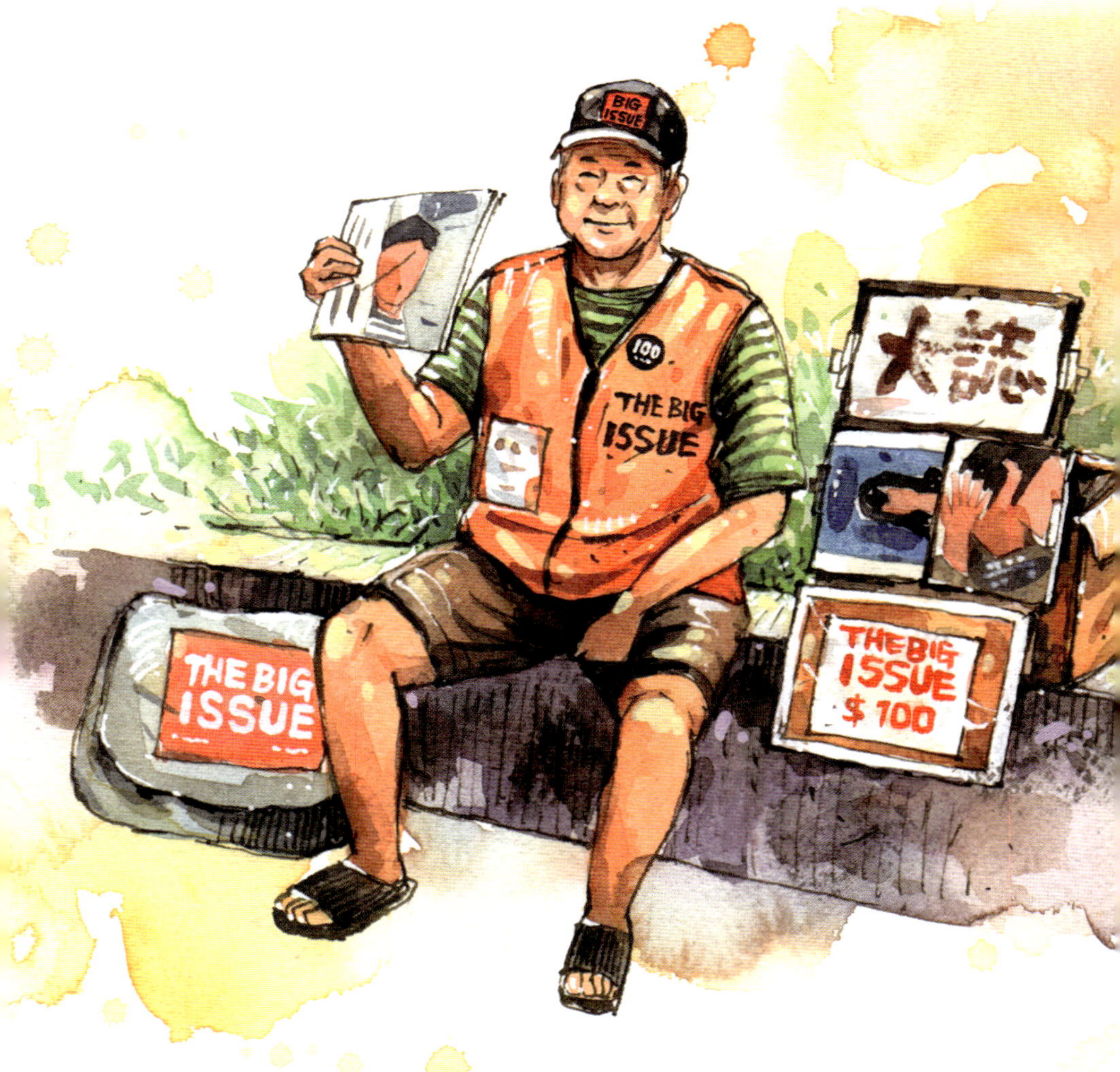
BIG ISSUE
100
THE BIG ISSUE
大誌
THE BIG ISSUE
THE BIG ISSUE $ 100

商品を地面に広げる露店

51 大道芸人

人が集まる観光地や各種のイベントマーケットでは、大道芸人がよくパフォーマンスをしている。歌を歌う者、雑技を披露する者、彫像に扮装して見物客と触れ合う者など様々なパフォーマンスがあり、台湾における芸術表現の自由さを実感する。

中には身体障害者や社会的弱者などがカラオケを伴奏に美しい歌声を披露し、多くの観客を引きつけているケースもある。彼らが前向きに仕事をしている姿に感動して、チップを払う人も少なくない。

大道芸人の前方には、気が向いた人がチップを入れられるよう、たいてい小さな箱が置かれている。イベントマーケットに招待された芸人であれば、事前に一定のギャラを受け取ることもあるが、それでも支出が収入を上回ることのほうが多い。他県でパフォーマンスをする際などは、宿泊代と交通費すらまかなえない。だが、パフォーマンスの機会を得られるならと、楽器や道具を背負い、各地を渡り歩いている。

彼らにとっては、お金を稼ぐことよりも、自分の才能を人に見てもらうことのほうが大事なのかもしれない。パフォーマンスを重ねていけば、より多くの観客に認められ、いつかは自分の才能を見出す人に出会えるかもしれない。強い信念がなければ、このように夢を追い続けることは難しいだろう。

打賞箱

MaruCorner COFFEE STAGE&BA
丸角

机と椅子の露店

自宅の前に露店を出したり、短期の催し・夜市・イベントマーケットなど違法性の心配がない場所で出店したりする場合は、店を移動させなくてすむうえに安全なので、机と椅子、陳列棚などの簡単な設備で店を開くことができる。

椅子だけを置いて決まったサービスを提供する店もあれば、折り畳み机や収納箱に商品を見栄えよく並べ、客が「見て選べる」ようにしている店もある。机、椅子、陳列棚に関して、シンプルで折り畳み式のタイプを選ぶ店もあれば、デザインや質感にこだわる店もある。どれが正解ということはなく、時と場合に応じた臨機応変さこそ、露店が生き残る道なのだ。

もちろん中には場所代を節約するため、道路や軒下、歩道のそばに店を出す人もいる。必ずしも合法とは限らないが、見て見ぬふりをする人が多く、警察も時々取り締まることはあっても一斉摘発はしない。長年やりとりをするうちに、露店と社会の間で一種の暗黙の了解ができているのかもしれない。

机と椅子の
露店

52 マッサージ

以前、日本へ旅行した際、空港内で十〜三十分程度のマッサージを提供する小さな店をよく見かけた。長旅や搭乗待ちで疲れた旅人たちに、ほっと一息ついてもらうためのサービスである。

台湾にはマッサージの露店が多く、地下鉄駅や観光地などあらゆる場所で見かける。ある程度のスペースがあれば、壁や道端に料金表を書いた布をぶら下げて、業務用のマッサージ椅子をいくつか並べれば、すぐに店が開ける。

だが台湾のマッサージの露店が特別なのは、視覚障害者を雇用してその就労機会を増やす障害者雇用の役割を担っているところだ。私の経験によると、視覚障害のあるマッサージ師には、客の体の状態をより敏感に察知し、痛みのある部位に正確に施術してくれる人が多いと思う。

私が最も興味を引かれるのは、こうした露店で使われるマッサージ椅子が人間工学に基づいて設計されていることだ。客は中央に穴の開いたクッションに顔をうずめ、両手を前方に置くことができる。道端でマッサージを受けるのは恥ずかしいと感じる人もいるが、顔をクッションにうずめているので、通行人の視線などといった些細なことは気にしなくてすむ。私のように万年肩凝りに悩まされている絵描きにとって、マッサージの屋台へ行くことは数少ない娯楽の一つである。

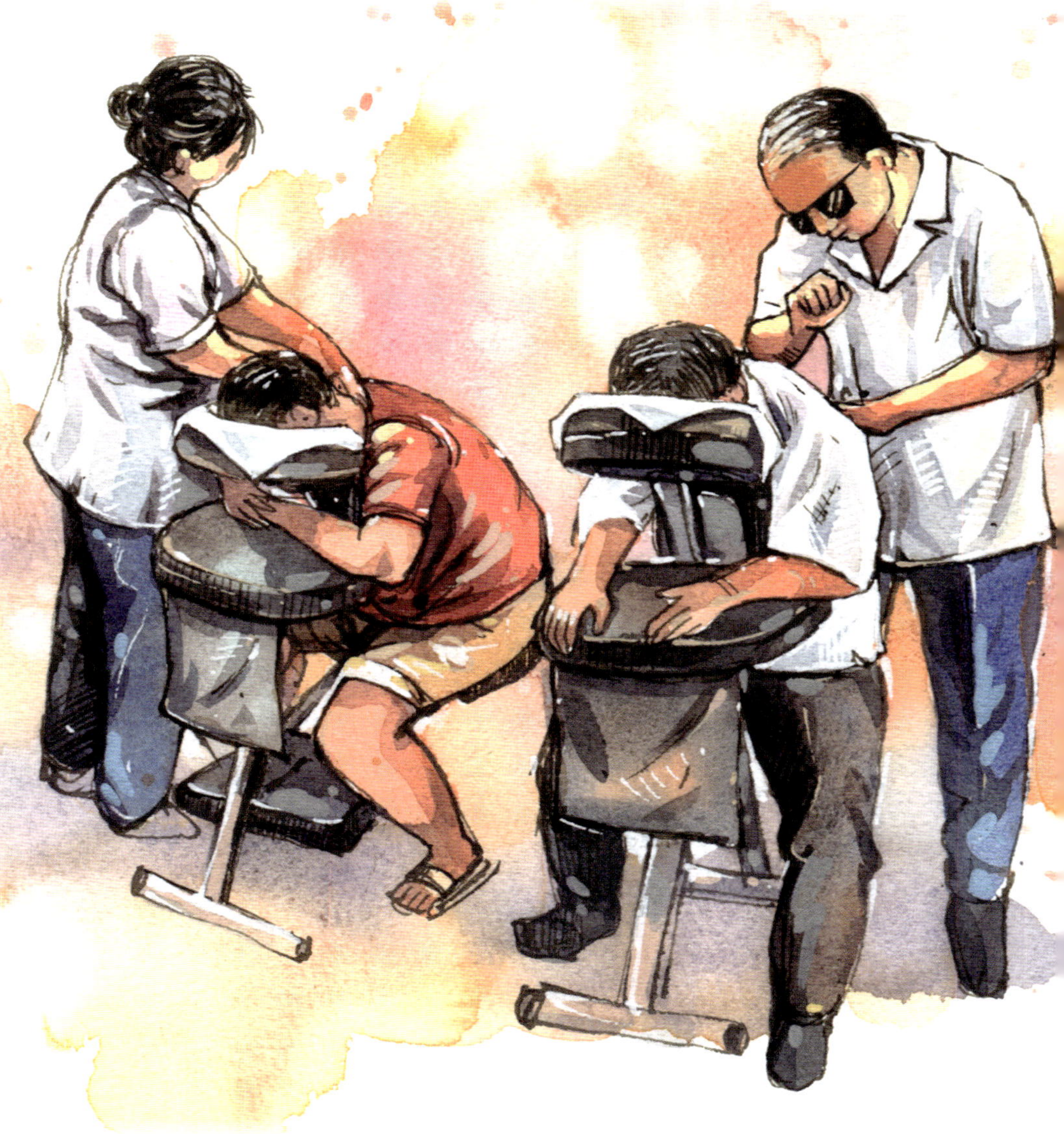

机と椅子の露店

53 挽臉《ワンリエン》

台湾伝統の美容法「挽臉」は、徐々に廃れゆく運命にあると思っていたが、そんな私の予想に反し、今でも市場や街中には挽臉の露店が少なくなく、中でも台北市士林《しりん》区の文林路《ぶんりんろ》は「挽臉ストリート」と呼ばれている。挽臉の美容師は客の顔に白い粉を塗り、細い綿糸の一端を口にくわえ、独特な手法で糸を押したり引いたりしながら顔をこすり、糸を絞って産毛を抜き、角質を除去する。

　市場にある挽臉の露店では、爪や足の皮、眉毛などの手入れもしてくれる。市場へ食べ物を買いに行くついでに、ちょっとしたスキンケアもできるので、忙しい主婦にはとても便利だと思う。

　どんな感じなのか知りたくて、私も基隆の仁愛《じんあい》市場で挽臉の露店を探し、体験してみた。ヘアバンドと首カバーをつけられ、顔に粉をはたかれる。「いよいよ口に糸をくわえる古来の絶技が見られるのか」と期待が高まったところで、美容師は意外にも電池を取り出して、電動挽臉器に装着した。これはY字形の先端に張られた細糸を肌の上で滑らせるだけで、一定の速度で脱毛できる機器である。私は心底がっかりしたが、美容師によれば、この店ではもう二十年もこの電動挽臉器を使っていて、今では伝統的な手法を用いている店はほとんどないという。

　挽臉は想像していたほど痛くはなかった。だが眉毛を抜く段階になると、店主は今晩食べる東坡肉《トンポーロウ》の豚肉の毛を抜くかのように容赦なかった。顔中粉だらけの私は一言も発することができず、目をしっかり閉じ、眉間にしわを寄せ、靴の中で足指にぎゅっと力を入れた。

　それが終わると、店主は私の顔の白い粉を落とし、アロエジェルを塗り、「一時間以内は洗顔禁止」だと注意した。所要時間は約二十分、料金は三百元。さて、効果のほどは……？　残念ながら、私のキメの粗い肌でははっきりとした違いは見て取れないが、産毛が除去され、顔色が少し明るくなったような気がする。ともかく、いい経験になったことは確かである。

白い粉、綿糸、小さいハサミなどは
伝統的な挽臉の道具だ。

机と椅子の露店

54 足洗い

海辺で足が砂だらけになった観光客のために、「足洗い」というビジネスが生まれた。別の場所から水を引いてくる店もあれば、大きめの貯水タンクを置いている店もある。真水で足を洗うサービスは、一回およそ二十元程度であるが、海水浴シーズンなどは、塵も積もってかなりの収入になる。大きな店では簡易的な設備ながら、シャワーサービスを提供することもある。

　あるとき、屏東の小琉球の港のそばで、このおばあさんの屋台を見かけた。まず目を引いたのは、いくつかの大きな貯水タンクと、前方に置かれた「足洗いは無料」の看板だ。貯水タンクのそばには、今にも壊れそうな古い木の机があり、その上の発泡スチロールの箱に自家製のドリンクが入っている。さらに日よけのパラソルを一本立てれば、露店の準備は完了だ。

　このおばあさんは良心的で、いくつかのタンクに水を入れ、牛乳のプラスチックボトルを半分に切ったひしゃくを作り、無料の足洗いサービスを提供している。だが、「酔翁《すいおう》の意は酒に在らず」と言うとおり、それだけが目的ではないことは暗黙の了解で、多くの旅行客は足を洗ったついでに飲み物を購入する。店と客がウィンウィンになる販売方法で、こういうところにも、露店の商売に特有の含蓄と人情が感じられる。

寶玉阿姨
芒果汁 30
海燕窩 30
馬尾藻 30
青草茶 30
冬瓜茶 30
蝶豆花 30
洛神花茶 30
風茹茶 30
冷泡茶 30
檸檬愛玉 30
寶玉阿姨
輕鬆一下
免費洗腳

机と椅子の露店

55 砂絵

砂絵の露店は公園の空き地でよく見かけるが、それは子どもたちがターゲットだからというだけでなく、公園には日陰があって快適だからである。こうした公園の木陰には砂絵だけでなく、シャボン玉や魚のエサ、飲み物などを売る露天商も多い。歩道沿いに砂絵の見本が陳列され、子どもたちが自由に選べるようになっている。また、たくさんのベンチや、様々な色の砂を入れた小さな洗面器も置かれる。

店で売られている砂絵の台紙には、簡単な漫画風の絵柄が印刷されていて、表面はブロックごとに分かれたシールになっている。このシールを一つずつはがし、接着剤がついた面に洗面器に入った色砂を振りかければ、簡単にカラフルな砂絵を完成させることができる。色は自由に選べるので、まさにセンスの見せどころだ。

砂絵はとても簡単なので、子どもだけでなく、大人まで時間を忘れてつい夢中になってしまう。

机と椅子の露店

56 似顔絵

似顔絵と聞いて多くの人が真っ先に思い浮かべるのは、アトリエや画廊ではなく、「淡水《たんすい》の旧市街」だ。淡水の旧市街は観光地として人気があるので、旅行客やカップルのために似顔絵を描く店が集まったのだろう。通常、店のそばにカップルやペットだけでなく、有名人の似顔絵の見本が飾られているのは、似顔絵が実物に似ているかどうか判断しやすいからだ。画風は写実的なものからデフォルメしたものまで画家によって異なり、当然ながら、描写が細かいものほど値段が高くなる。

こうした露店の面白さは、画家が似顔絵を描く過程自体が一つのショーとなり、人だかりができることだ。見る人が多いほど、評判もビジネスチャンスも高まる。だが、モデルの身としては、見物客に見られているのは恥ずかしい。だから、経験豊かな画家であれば、素早く仕上げるだけでなく、モデルが笑顔でいられるよう、楽しいおしゃべりで恥ずかしさや退屈を紛らせながら絵を描く。今は便利な時代なので、客に時間の余裕がないときは、まずスマートフォンで写真を撮って絵を描き進め、客が観光を終えて戻ってきたときに渡せるようにする画家もいる。このように、街頭で似顔絵を描く画家たちは、融通が利き、客と楽しみを分かち合おうとする人が多いような気がする。

私も大学生の頃、お小遣い稼ぎとしてデフォルメした似顔絵をインターネット上で販売したことがあるので、彼らの気持ちが少し理解できる。最近では、道端や海外旅行先で似顔絵の露店を見かけて描いてもらうこともある。頑張っている同業者を応援する意味もあるし、様々な画風の似顔絵を集めるのが楽しいからでもある。

人像速寫200
人像Q版200
風景明信片20

机と椅子の露店

57 卵

卵とは、スーパーの棚から十個入りなどのパックで買うものだと思っていたので、このような露店を見たときは、卵を専門に売る店があることに軽い衝撃を覚えた。だが、市場によく行く人からすると、屋台で卵を手に取って選び、量り売りで買うことこそ、最もお得な卵の買い方らしい。

露店では、鶏の卵、アヒルの卵、皮《ピー》蛋《タン》、鹹蛋《シエンタン》といったよく見るもの以外に、烏骨鶏の卵、地鶏の卵、初産み卵、白い殻で濃い黄身の卵といったように細かく分類されたものも売られている。

店主は野菜コンテナを重ねて即席の陳列棚を作り、そこに卵を種類ごとに並べて、それぞれに手書きの値札を添えている。

店によっては、味付け卵やゆで卵、あるいは黄身と白身を別々に調理したものを売っていることもある。その理由を訊いてみたところ、ゆでた黄身は黄身餡を作る人に、白身を煮詰めた「滷蛋白《ルータンバイ》」はコレステロールを控えつつタンパク質を摂りたいフィットネス愛好者などに需要があるそうだ。

私も何度か減量の際に「滷蛋白」を食事に取り入れてみたところ、健康診断のときに体重が明らかに減少した。医者にそのことを話したら、そばにいた看護師が目を輝かせて、どこで買えるのかと尋ねてきた。

二〇二三年の初頭、台湾は卵不足に見舞われ、価格がかつてないほど高騰し、輸入に頼らざるを得ない事態となった。いつも当たり前のように存在していた卵が一世を風靡《ふうび》した事態だったが、この挿絵は意図せずして、その歴史的価格を記録するものとなった。

滷
鴨蛋
雞蛋
13顆100
6顆50
白蛋
51/斤
皮蛋
二粒25
一盒50
二盒90
鹹蛋
一粒9元
六粒50元
鴨蛋
特選優良蛋51/斤
白殼紅仁
60/盒
烏骨雞蛋
70/盒

机と椅子の露店

58 バナナ

高雄市の旗山はバナナの産地として有名だ。旗山の旧市街の赤レンガの街並みはスケッチの題材にも最適だが、休日に行くといつも多くの露店がひしめき、観光客でにぎわっている。露店の中にはバナナロールクッキー、バナナケーキなどを売る店もあり、旅行客に人気があるようだ。私もこの街が大好きで、ここ数年で何度も足を運んでいる。

観光地となっている旧市街だけでなく、路地裏で地元の生活を観察するのも好きだ。あるとき、とても面白い露店を見かけた。店の前にたくさんの赤い看板が置かれ、台の上の緑色のバナナと色彩の対比をなしている。頭上には日よけのパラソル、後方には意味不明の写真ボード。店主はバナナの後ろで優雅に新聞を読んでいる。

看板をよく見ると、「バナナ十五元から」という主文の他にも、小さな字でバナナの効用が事細かく記されているのみならず、上部には「阿弥陀仏」の文字も見える。バナナを売りながら、仏教を布教し、さらには「痔、手の湿疹、乾癬《かんせん》」などの無料相談も行っている。この優雅にバナナを売る店主はいったい何者なのだろう？　店番の様子や看板の内容から、店主の個性が少しだけ透けて見えるような気がした。

阿彌陀佛
阿彌陀佛
阿彌陀佛
阿彌陀佛
阿彌陀佛
香蕉15元起

机と椅子の露店

59 菱《ひし》の実

車で屏東県の墾丁《こんてい》へ向かう途中、国道一号線の南州《なんしゅう》付近のまっすぐな道の右側に、菱の実を売る屋台がたくさん並んでいる。五百メートルほど続くとても珍しい光景なので、「菱の実ストリート」とも呼ばれている。

露天商は日よけの帽子をかぶり、手に持ったうちわを振って、走る車にアピールすると同時に自分に風を送っている。墾丁に向かう人の中には、車を道端に停めて窓から顔を出して買っていく人もいる。素早く受け渡しできるように、菱の実や落花生はあらかじめ一定量ごとに袋詰めされ、一袋百元で売られている。

延々と続く露店の大きさはまちまちで、木陰を利用した店もあれば、日よけのパラソルを使う店もあるが、大きな菱の実が手描きされたインパクトのある看板だけはどの店にも共通する。

ちなみに、この看板にはインターネット上で広まった面白いエピソードがある。菱の実の真っ黒な絵がコウモリにそっくりなので、菱の実を知らない外国人がコウモリを売っていると勘違いしてひどく驚いたというのである。

興味深いのは、菱の実が売られてはいても、近くに産地があるわけではなく、台南の官田《かんでん》や白河《しらかわ》から買いつけたものということだ。なぜこのような状況が生じたのか、今ではもう分からない。なお、最近ではこれらの露店が公道を占拠し、交通を阻害しているとして、公路局が大規模な撤退勧告を行った。そのため、今でも少数の露店が当局とのいたちごっこを続けてはいるが、かつてほどのにぎわいは見られなくなった。

花生
菱角
菱角
菱角
菱
花生

机と椅子の露店

60 下着

夜市や伝統的な市場では、下着を売る露店をよく見かける。これらの店は、工場直送を売りにした安さと品質で、通りがかりの主婦たちを引きつけている。

店頭には、カラフルな下着をつけた半身のマネキンがたくさん飾られている。中でも宣伝のうまい店では、「特価」「寄せ上げ効果が抜群！」といったキャッチコピーや最低価格を大きな字で書いて、客の目を釘付けにする。女性の店主が「この素材はすごく着心地がいいのよ。私も着ているから間違いないわ」という具合に自分の経験を交えてすすめると、心を動かされる客は多いようだ。

だが、男性である自分にとって、下着の露店はなんとなくなまめかしい雰囲気なので、幼い頃はうつむき加減で通り過ぎたものだ。大人になり、下着がごく普通の日用品だと認識するようにはなったが、じろじろ見ると誤解されそうだし、ましてや参考資料として写真を撮るにはかなりの勇気が必要だ。下着の露店は、市場の中で最もどぎまぎさせられる存在だ。

大げさな広告文句だが、
よく見ると、ダジャレの使い方に
店主の工夫が感じられる。

机と椅子の露店

61 日用品雑貨

現在では、大手のスーパーや雑貨店が台湾各地に展開しているし、手頃で品質のよい「十元ショップ」も倹約に努める学生や若者に人気である。だが、こうした店が普及する前から、夜市には低価格を売りにする日用品雑貨の露店があった。

雑貨露店の特徴は、商品が二〜二十元程度で、それぞれの価格帯ごとに陳列されていることであろう。品揃えは髪飾り、くし、手鏡といった雑貨や樟脳、孫の手、石鹸、タオルといった日用品がメインだが、中には電気蚊取り器などのやや高価な商品も交じっており、種類が多く、何でもある。

私は幼い頃、このような露店を巡るのが好きだった。様々な商品に好奇心を刺激されたためでもあり、お小遣いの少ない自分でも「買える」という満足感のためでもある。

一番好きだったのは文房具類だ。当時はシール集めが流行っていたので、シールノートを買ってキャラクターが印刷されたシールやキラキラしたシールなどを貼り、いつも枚数を数えては、立派なコレクションだと悦に入っていた。その他にも、人工香料のにおいがきつい「香り玉」、天使の絵が描かれた鉛筆、硬くて消しにくい消しゴム、十元のノートなども手軽に買えるお気に入りで、落書きだらけのノートは今でも手元に残っている。これらの一見平凡に見える日用品雑貨の露店が、実に多くの家庭生活を支え、子どもたちの学校生活や学びに寄り添う存在だった。

結帳處
一律10元
2元
5元
10元
10

机と椅子の露店

62 占い

人生で困難や悩みにぶつかったとき、人は様々な解決法を求めるものである。そんなとき、人相占いや手相占い、四柱推命、紫微斗数《しびとすう》占いなどの人知を超えた領域に未来の選択をゆだね、心の平穏を得る人も多い。

映画の影響かもしれないが、東洋の占い師といえば、清朝風の帽子に八字ひげ、「鉄口直断」（口が堅く、よく当たる）と書かれた旗を立てているイメージだ。今でも、こうした占い師は古風な出で立ちをしていることが多く、数珠の首飾りを下げていて、いかにもこの道のプロという感じだ。露店の後ろに看板があり、男女の顔とたくさんのほくろが描かれている他、それぞれのほくろに対応する散財癖、恋愛運といった運勢の説明や、「ほくろ取り」による開運のすすめも書かれている。

私は占ってもらったことはないが、他の人が占い師に悩みを相談している様子を見て、占い師は心理カウンセラーにちょっと似ていると、ふと思った。人々は占いから心の安定を得て、頑張り続ける元気をもらう。『アルケミスト　夢を旅した少年』という物語の中に、「おまえが何かを望むときには、宇宙全体が協力して、それを実現するために助けてくれるのだよ」というセリフがある（一九九七年刊の角川文庫、山川紘矢・山川亜希子訳より引用）。台湾人には「天」を敬う謙虚さがあり、占いは一つの信念を与えてくれる。「当たる」か「当たらない」かにかかわらず、明るい未来を信じられてこそ、歩き続ける勇気が持てるのだ。

奇門遁甲
陽宅佈局
易經占卜
問一事
500元
(感情事業
財運健康)
命
相
八字卜卦
命名擇日
挽救紅顏無薄命
指點君子出迷津

机と椅子の
露店

63 ハンドメイド作品

現代人は個性を重視するので、手作りのオリジナル商品への関心が高く、自分の作品を多くの人に見てもらいたいと願う制作者も多い。そのため、様々なハンドメイド作品を販売する店が生まれた。

まだあまりコストをかけることができない、駆け出しのクリエイターにとって、このような露店は夢を追うための舞台として重要だ。出店は大変だし、天気や現場の状況に振り回されることもあるが、自分の作品が気に入られたときの満足感や達成感は、創作活動を続けるための大きな原動力になる。私も一時期、ヘルメット、マスク、絵葉書などにオリジナルの絵を描いた作品を作ることに没頭していた。それほどたくさんは売れなかったものの、振り返ってみれば、あの頃に自分を模索した過程は一生ものの経験だったと思う。

挿絵の手芸品屋は、ドライフラワーの花束や陶器をメインに、手描きの絵葉書やハンカチも売っている。中央に小物、手前と奥に大きな花束を飾ることで高さに変化がつき、それぞれの商品が引き立て合う陳列になっている。店主の服装も店や商品の雰囲気にマッチしていて、クリエイターの美的センスと自分の作品を大切にする気持ちが感じられる。隅々まで配慮が行き届いた、まるで小さなブティックのような店である。

welcome

BAO
阿爸的

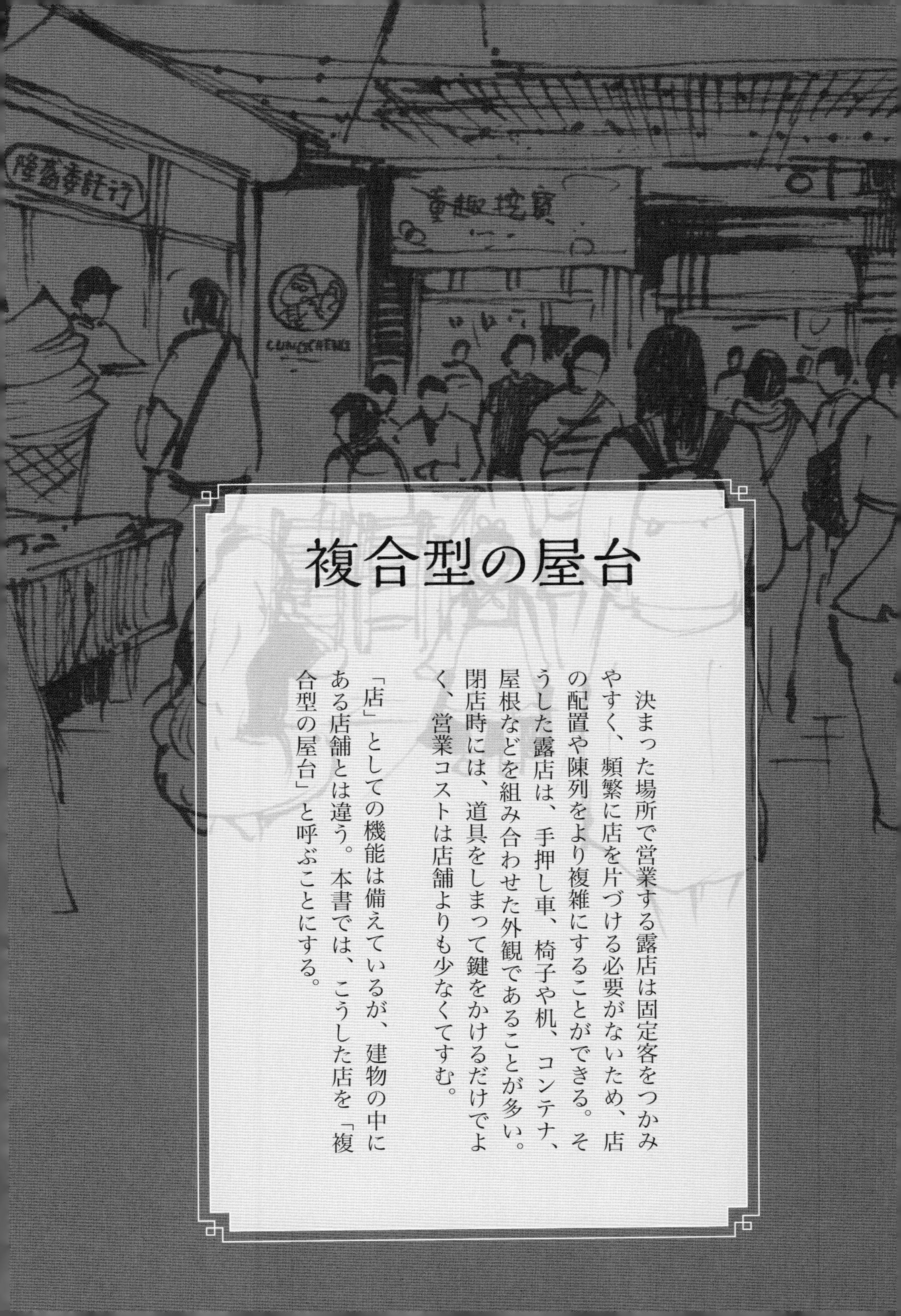

複合型の屋台

決まった場所で営業する露店は固定客をつかみやすく、頻繁に店を片づける必要がないため、店の配置や陳列をより複雑にすることができる。そうした露店は、手押し車、椅子や机、コンテナ、屋根などを組み合わせた外観であることが多い。閉店時には、道具をしまって鍵をかけるだけでよく、営業コストは店舗よりも少なくてすむ。

「店」としての機能は備えているが、建物の中にある店舗とは違う。本書では、こうした店を「複合型の屋台」と呼ぶことにする。

複合型の屋台

64
小櫃子《シャオグイズ》滷味《ルーウェイ》

「滷味」とは台湾でよく見られる煮込み料理で、一般的には調理法によって二種類に分けられる。一つは「熱い」滷味で、食材をその場で煮込み、熱々のうちにタレをかけて食べるもの。もう一つの「冷たい」滷味は、戸棚の陳列ケースに並んだ調理済みの商品を選んで買うもので、「小櫃子滷味」もこちらに当たる。客が選んだ滷味を渡すと、店主はそれを小さく切り、調味料を加える。こうした滷味に欠かせないのが、「酸菜《スワンツァイ》」という漬物で、店主はこれをたくさん袋に入れてくれる。酸菜は無料なので、ちょっと得した気分になる。

伝統的な「小櫃子滷味」は、レトロな食器棚を思わせる木製の棚に、通気性を保って虫の侵入を防ぐことができるように緑色の網戸を取りつけている。「小櫃子」とは「小さな戸棚」という意味で、どことなく昔懐かしい感じがするこの戸棚は、今や滷味の代名詞となっている。

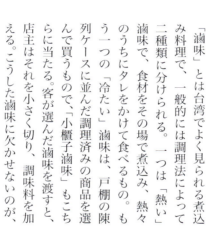

小櫃子
滷味
小櫃子
滷

複合型の屋台

65 檳榔《びんろう》

　檳榔には、気分をシャキッとさせ、体を温める効果があるので愛好者も多く、かつては「台湾ガム」と呼ばれるほど台湾社会に普及していた。

　主な客層の一つが長距離運転手であるため、檳榔の屋台では、他にも「凍結水」と呼ばれる特別な商品を売っているが、その正体は凍らせたミネラルウォーターである。凍結水の使い道は広く、保冷剤代わりにもなるうえ、氷が少しずつ融けていくので、ある程度の時間なら冷たい水を飲むことができるのだ。

　運転手が車を停めて買いやすいよう、檳榔の屋台は大きな道路やインターチェンジの近くにあることが多い。遠くからでも運転手の目につきやすくするため、看板は派手なネオンで装飾されていて、暗い夜でも七色の輝きを放っている。

　檳榔を買うのはほとんどが男性なので、彼らの目を引くため、美しい女性に店番をさせていることが多く、彼女たちは「檳榔西施《せいし》（西施は中国古代四大美女の一人）」と呼ばれるようになった。「檳榔西施」は皆セクシーな服を着ているので、車で通り過ぎる人はついそちらを見てしまうし、子どもに「見てはいけません！」と注意する親もいる。

　中学生の頃、学校から帰るバスの通り道に、「六姐妹《リョウジエメイ》」、「你会紅《ニーフィホン》」という二軒の檳榔屋台があった。血気盛んな男子学生だった私たちは、バスの窓を開けて、「お姉さん、きれいだね！」と大声で叫んだものだ。こういうことはよくあるのか、「檳榔西施」たちも慣れたもので、背の高い椅子に座って脚を組んだまま、優雅に手を振ってくれた。同級生と一緒に、まるで発情期のサルの群れのようにバスの中で大騒ぎしたことは、忘れられない青春の思い出だ。

　近年では、世間の声や警察の取り締まりのためか、「檳榔西施」はおとなしい服装をするようになった。だが、今もネオンの明るさは昔と変わらず、檳榔を売る美しい人影は、夜間に働く運転手たちの心のオアシスとなっている。

檳榔
金賀呷
檳榔
特大普多菁
幼口通粗仔
飲料
檳

複合型の屋台

66 刈包《グアバオ》

刈包とは、平たい饅頭《マントウ》の生地を半分に折り、中に煮込み肉やコリアンダー、酸菜《スワンツァイ》などを挟んだ昔ながらの庶民的な食べ物である。落花生の粉をかけるとしょっぱさに甘さが加わり、小腹を満たしたいときにぴったりだ。中身の膨らんだ財布を思わせる見た目なので、縁起物として忘年会の卓上に出されることもある。また、「台湾ハンバーガー」とも呼ばれるが、私としては、むしろあちらのほうを「アメリカ刈包」と呼ぶべきではないかと思う。

挿絵は屏東にある刈包屋台で、とてもユニークな外観だ。屋根は瓦葺《かわらぶ》きを模したデザインで、前方に飾られている赤いランタンに「割包」と書かれているのは、「割」と「刈」の台湾語の発音は同じなので、「割包」とも書くからだ。最も目を引くのは「虎咬猪《フーヤオジュー》」(虎が豚を咬《か》む)の三文字だ。刈包の生地に挟まれた豚肉が、虎に咬まれた豚のようであることから生まれた刈包の別称であるが、その由来を知らない人が見たら、ちょっと驚くに違いない。

通りすがりの客がバイクを停め、ヘルメットをかぶったまま注文している。台湾人にはこのように買い物をする人が多く、とても台湾らしい光景だと感じるので、この客も挿絵に加えることにした。

招牌
瘦肉
素食
原味
辣味
割包
割包
割包 30元
虎咬猪

複合型の屋台

67 豚肉屋

幼い頃、麺屋台を営んでいた祖母からよくお使いを頼まれ、家の裏手にあった豚肉屋へ、肉そぼろ用のひき肉を買いに行ったものだ。お使いは簡単で、豚肉屋へ行って何キロのひき肉が必要か伝えるだけでいい。店主は注文を聞くと、手早く豚肉を切り落とし、はかりで重さをはかって、電動肉挽き器（ミンサー）に入れる。ミンサーからはすぐにひき肉が出てくるので、それを袋に入れて、赤いビニールの紐で縛り、私に渡してくれる。お使いはこれで完了だ。大人になってからは自分であまり料理をすることもなく、豚肉といえばトレイに入ってラップで包まれた薄切り肉を買うばかりなので、それがどこの部位なのか、他の部位と何が違うのかなどは、今でも一切分からないままである。

豚肉屋の視覚的なインパクトは強烈だ。鉄のフックに肉の塊や内臓がぶら下がる様子は、見ていて恐ろしく感じることもある。古めかしい白熱電球の光に照らされて、木造の屋台と豚肉が黄色みを帯びた色調を織りなす。年季の入った木のまな板は長年包丁で切りつけられ、布巾で拭かれ、摩耗してピカピカのへこみができている。屋台から漂う冷たい冷気と肉のにおい、肉を刻む「ドンドン」という音、常連客が値段の交渉をする姿。こうした視覚、聴覚、嗅覚の混ざり合う感覚は、スーパーで売られているトレイパックからは感じられないものである。

本地 豬肉
台灣豬
本地

複合型の屋台

68 サトウキビジュース

サトウキビが搾られる様子は、いつ見ても面白い。

サトウキビジュースの屋台の後ろには、いつもサトウキビが山のように積まれている。店主はナタで豪快にサトウキビの皮をむき、小さく切って袋に詰め、店の前に並べている。幼い頃、家族が時々サトウキビを買ってきてくれた。子どもの小さな口では、一度でなかなか噛み切れなかったが、それでも私はサトウキビが大好きだった。おそらく、節約が美徳とされた時代で、大人は子どもにあまりジュースを買い与えなかったあの頃においても、サトウキビは安くて「合法」に味わえる甘味だったからであろう。

屋台にある機械といえば、サトウキビを搾るジューサーだけである。店主がジューサーの後方からサトウキビを入れると、ローラーが回転してジュースが搾られ、後ろの蛇口から流れ出る。押しつぶされたサトウキビのカスは、前方に設置されたごみ袋に入る。幼い頃の私は、ジュースが搾られる様子に興味津々で、店主の手が巻き込まれないかと心配しつつ、何時間でも見ていられた。でもなぜか、大人になってからは簡単にサトウキビジュースが買えるようになり、生のサトウキビをかじることも減ったのに、昔ほどはおいしく感じられなくなってしまった。

冷凍
現壓
小杯25 大杯50 每包100 每瓶
溫 熱
甘蔗汁
大50 小30
蔗汁

複合型の屋台

69 生搾りジュース

台湾は「果物王国」として有名で、果物の種類が豊富で生産量も多い。夜市では、果物の屋台が外国人旅行客の人気を集めている。カットフルーツを売っている店もあるし、生搾りジュース専門店も多い。栄養や食の安全が重視される昨今、新鮮な果物を目の前で搾るジュースが消費者の信頼を集めている。

　あるとき、夜市でこの生搾りジュースの屋台を見かけた。店の前に置かれた色や形の異なる大小様々な野菜や果物が、不揃いな中にも秩序を感じさせる。黄色い照明の下で、果物はさらに色鮮やかでふっくらと見え、店主の陳列に対するこだわりがうかがえる。果物の新鮮な色ツヤは、それ自体が最高の看板になるだけでなく、品質への信頼を高めてくれる。店主は屋台の後ろにゆったりと座り、客が写真を撮っても気にしない。まるで自分の作品を展示しているような、一種の自信を感じさせる。

芹菜汁 70
養生芭樂汁60
木瓜牛奶
檸檬汁 60
番茄汁 60
葡萄汁 60
芒果汁 60
鳳梨汁 70
芭樂汁 60
哈密瓜汁 60
紅蘿蔔汁 60

複合型の屋台

70 杏仁茶《あんにんちゃ》

寒い夜には温かいものが欲しくなるが、体重が気になるので、食べすぎるのは怖い。そんなとき、私がまず思い浮かべるのが杏仁茶だ。

杏仁茶の屋台は、いつもどことなく懐かしい感じがする。看板には「杏仁茶」の三文字が大きく書かれ、店によっては袋詰めされた油條《ヨウティアオ》が店の前に並べられている。寒いときに杏仁茶を飲むと胃が温まり、口が寂しければ油條を一本添えるのも悪くない。杏仁茶をたっぷり吸った油條を口に入れると、杏仁の香りと油條の食感を同時に楽しめるので、このような食べ方を好む人は多いと思う。

杏仁茶の屋台がいつ頃からあるのかは知らないが、幼い頃のある夜、初めて杏仁茶を飲んだときから、私はこの味のとりこになった。寒い時期には特に売れ行きがいいので、冬場だけ副業として営業している店もある。鍋の蓋を開けて杏仁茶をすくう瞬間、湧き上がる蒸気で店主の姿が見えなくなる。この光景こそ、私が杏仁茶の屋台に対して持つ最も鮮明なイメージだ。

古早味
杏仁茶
油條
麵茶
杏仁茶
冰蓮藕茶

複合型の屋台

71 朝食屋

台湾人はどうやら朝食を特に重視しているようで、各地にその地方ならではの朝ごはんがある。朝から滷肉飯《ルーローファン》と魚のスープを食べる地域もあれば、中国北部由来の油條《ヨウティアオ》、焼餅《シャオビン》、肉まん、饅頭《マントウ》といった小麦粉料理に豆乳を添えるのが好きな人もいる。あるいは、ハンバーガーやトースト、蛋餅《タンピン》など洋風の朝食が好きな人もいるだろう。近年ではブランチの店も流行し、朝食の選択肢はさらに増えている。

建物の軒下で営業する朝食屋もあるが、ほとんどの客は通勤途中に急いでテイクアウトしていくため、ちゃんとした椅子やテーブルはあまりなく、屋台の前方の小さな台をテーブルとして使っている。屋台のそばに折り畳み机を置き、その上に簡易コンロを設置して臨時の調理場にしている。陳列棚は出来合いのサンドイッチ、後方のセイロには蒸した肉まんが入っている。棚の上の「国農《グオノン》」ブランドの牛乳は、買うと玩具がついてくるので、子どもたちに人気の朝食メニューだ。

私にとって最も思い入れのある朝食は、間違いなく「蛋餅」だ。蛋餅とは、薄いクレープ生地に卵液をかけて焼いたものを、くるくると巻いて切った料理で、醤油ダレや辛味ソースをかけて食べる人が多い。シンプルな料理であるが、こうした食習慣は普段の生活を通じて、私たちの記憶にしっかりと刻み込まれている。普段は特に意識しないものの、以前写生のために海外へ行き、二週間も現地の朝ごはんを食べ続けていたとき、最も懐かしく思い出されたのが、台湾の朝食屋台の蛋餅とミルクティーだった。

蛋餅《タンピン》は最も好きな台湾式の朝食である。

複合型の屋台

72 清粥小菜《チンジョウシャオツァイ》

夜食について訊かれたら、いくらでも語れるのが台湾人である。台湾の夜食といえば、甘いものからしょっぱいもの、ボリュームのあるものから軽いもの、中華風から洋風まで何でもある。中でも台湾料理を好む人がいつも心に思い浮かべるのは、おそらく「清粥小菜」（白粥と小皿料理）であろう。

「清粥小菜」という名から、カロリーの低いあっさりした食事を想像する人が多いかもしれない。だが実のところ、白米やお粥を主食として、ボリュームのある魚や肉などの家庭料理がずらりと並ぶ小型ビュッフェのような店なのだ。客は自分が食べたい料理を選ぶのだが、多くの店では大鍋に無料のスープが用意されているので、節約のためにスープを二杯飲んでお腹を満たす者もいる。なお、かつては無料のスープにも具をたっぷり入れている気前のいい店があったものの、最近では物価が上がり、野菜や肉のかけらが少しでもすくえればましなほうである。

清粥小菜は必ずしも夜間限定というわけではなく、朝に開いている店もあるが、清粥小菜といえば、多くの人は、黄色っぽい電球に照らされた夜の軒下や道端の屋台で、夜遅くまで働く人たちが温かな食べ物でお腹を満たすというイメージを思い浮かべる。一時は清粥小菜がブームになり、各地に二十四時間営業をうたう大型レストランがオープンした時期もあったけれど、いつの間にかそうした風潮は廃れ、現在も残っている清粥小菜の店は建物の軒下や市場の屋台であることが多い。

清粥
小菜

複合型の屋台

73 蛋板捲《タンバンチュエン》

あるとき、高雄の西子湾《シーズーワン》へ向かう途中、中山《ちゅうざん》大学に通じるトンネルのそばで古めかしい屋台を見かけた。いつもこの場所で営業しており、看板には「蛋板捲」の三文字が書かれていて、値段はたったの十元らしい。屋台には陳列棚が一つあり、出来合いの食べ物が入っている。資料を調査してみて知ったのだが、この屋台はこの土地で四十年間も営業しており、西子湾の住民にとっては思い入れの深い店のようだ。

「蛋板捲」とはいったいどんな食べ物なのか？　飲食店の競争が激しい中山大学周辺のエリアでこれほど長く営業できるのはなぜだろう？　そんな好奇心から、私も数本買って食べてみたところ、見た目は小さめの蛋捲《タンチュエン》（エッグロール）といった感じで、長さは約十センチ、太さは大人の親指ぐらい。サクサクした蛋捲とは違って、蛋板捲は軟らかくずっしりした食感で、日本のお菓子に少し似ている。餡はなく、ほのかに甘い卵の香りがする、とても素朴な味のお菓子だ。

　こういうお菓子を食べるたび、今流行りの「SNS映え」するような華やかさはなくとも、蛋板捲は人々の心にしっかりと根づいているのだと思う。こうした素朴なお菓子にも、味わってみる価値があるのだ。

蛋板捲
10元
蛋板捲
10元

複合型の屋台

74 麺屋台

屏東県枋寮《ぼうりょう》の東海《とうかい》村一帯へ写生に出かけたことがある。車を停めて静かな路地裏を歩きながら、北玄宮《ほくげんきゅう》という廟のすぐそばの十字路で興味深い麺料理の屋台を見つけた。

空き地に屋台を設置し、電柱に日よけのパラソルを数本くくりつけ、その下にテーブルと椅子を二組置いただけの仮設の露店ではあるが、その場に違和感なく溶け込んでいる。白髪交じりの店主はゆっくりと料理を作り、客は裸足で足を組み、赤いプラスチックの椅子に座ってゆっくりと麺を食べている。この静かで日常的な光景が、私の心の琴線に触れた。

幼い頃に、祖母が市場で麺屋台を営んでいたので、大人になった今でも麺屋台には親近感を覚える。当時はよく祖母に頼んで、ワンタンと煮卵をのせた特製汁なし米苔目《ミータイムー》(ライスヌードル)を作ってもらった。煮卵の黄身を崩して肉そぼろと一緒に食べるのが大好きで、今でもその味を懐かしく思い出すことがある。

麺屋台の多くは看板や華麗な装飾もなく、メニューは二〜三種の麺に、豆《ドウ》干《ガン》、昆布、鶏の手羽先などの滷味《ルーウェイ》、あるいはワンタンスープといった簡単なものであり、値段も手頃だ。多くの人が懐かしむ庶民の味は、こうした小さな屋台の料理であることが多い。

このような複合型の屋台は、その設備が移動可能であることから、建物内にある店舗よりも開店や閉店が簡単にできる。最初は屋台が集まっていた場所にも、そのうちトタン小屋などが建ち始め、徐々に固定の店が増えていく。田舎には空き地も多いので、仮設の屋台が今でもよく見られるが、高層ビルの立ち並ぶ都会では、屋台が存在する余地はなくなってしまった。

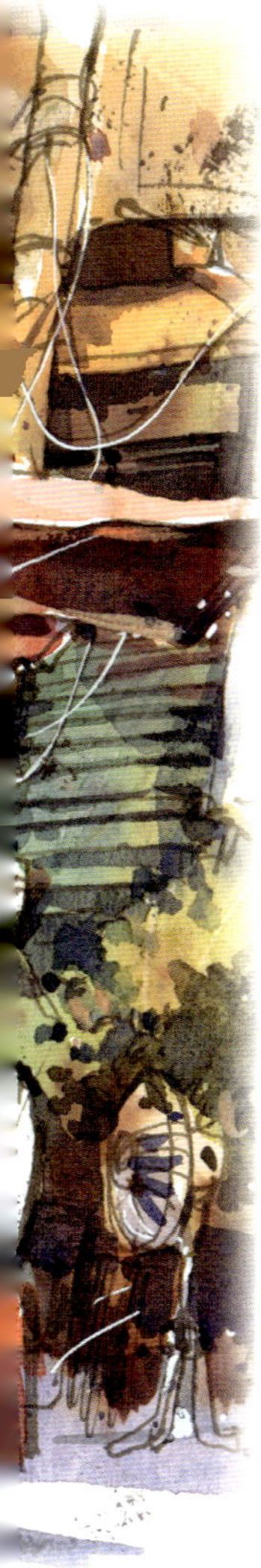

鹹湯圓
甜湯圓 30

複合型の屋台

75 ポン菓子

ポン菓子といえば、「天地を揺るがす」あの音だ。白米を圧力鍋に入れて加熱し、圧力がいっぱいになったところで開放すると、その瞬間に米粒が膨らみ、爆音を響かせる。あの瞬間に立ち会ったことがある人なら、その衝撃を誰かに語らずにはいられないだろう。

新北市《しんほくし》永和《えいわ》の渓州《けいしゅう》市場で見かけたポン菓子の屋台では、必要な各種の機器を一つに組み合わせ、大型の作業機器のように仕立てていた。親切な店主が説明しながら作り方を見せてくれた。店主が「さあ、爆発するよ、爆発するよ……」と周囲の「観衆」に注意を促しながら圧力を開放すると、「ポン！」という爆音が響き、私は耳鳴りがしたような感覚に襲われた。

四十歳を過ぎて、初めてポン菓子作りの全工程を目の当たりにした。爆発で膨らんだ白米は、あらかじめ鍋で煮詰めておいた麦芽糖とよく混ぜ合わせて、四角い容器に流し入れる。それをローラーで押し固め、小さく切って袋詰めする。これが、私たちが店で購入する小さなポン菓子の姿だ。今では、道端でポン菓子の屋台を見かけることも少なくなった。もし見かけるチャンスがあれば、ぜひ何袋か買うついでに、あの驚くべき爆発音を体験してみてほしい。

黄金色の麦芽糖が古鍋で
ぐつぐつ煮え立っている。

複合型の屋台

76 ソフトクリーム

夜市は子どもにとって、いつまで遊んでも飽きない遊園地のようなところだ。おいしい食べ物や見て楽しいもの、遊べるものがたくさんあって、ソフトクリームはその一つだ。夜空にそびえ立つ巨大なソフトクリームの立体看板は、遠くからでもよく見える。

　ソフトクリームの味はチョコレートとバニラが定番だが、私は二種類のミックスを選ぶことが多かった。店主は箱からコーンを取り出し、片手で機械のバーを操作し、もう一方の手でコーンを慣れた手つきで回すように動かす。白と茶色のミックスされたソフトクリームが機械から絞り出され、らせん状に重ねられていく。こんなふうに店主がゆっくり作業するそばで、子どもたちは虎視《こし》眈々《たんたん》とした目つきで、今にもよだれが垂れそうな顔をしている。

　子どもにとって、ソフトクリームを食べるのはとても嬉しいことだが、溶けて顔や手、衣服につくと、母親に怒られることもある。私はかつてソフトクリームを手に入れたことが嬉しくて、前をよく見ずに食べながら歩いていたところ、すぐに転んで落としてしまった。

　現在では、ソフトクリームの店ごとに様々なアイデアを競い合っていて、例えば、ある夜市の店では客寄せのために高さ三十センチのソフトクリームを販売している他、多くの店がソフトクリームの味や品質にこだわり、商品価値を高めようとしている。コンビニにもソフトクリームの機械が導入され、食べたいときにいつでも買えるようになった。ソフトクリームは今でも、大人から子どもまで皆に愛される食べ物だ。子ども時代のあの喜びは、少し形を変えながら私たちの生活に存在し続けている。

手作霜淇淋
香草
綜合
甜筒
甜筒
原味

複合型の屋台

77 糖葫芦《タンフールー》

「糖葫芦」は見た目が華やかな伝統菓子で、名前の由来は、串刺しにした果物が葫芦《ころ》（ひょうたん）に似ているからだという。昔の糖葫芦売りは、竹棒の先にくくりつけた藁束《わらたば》に、家で作った糖葫芦を刺し、街道を売り歩くスタイルが一般的だったが、今ではそのような光景は写真でしか見られなくなった。

現在では、夜市でよく糖葫芦の露店を見かける。大きなテーブルの上にガスコンロを置き、ここでシロップを煮詰める。それからミニトマト、果物の砂糖漬け、イチゴ、ブドウといった一口サイズの果物を竹串に刺して、シロップに浸し、親指と人差し指を使って竹串を一回転させる。果物が薄いシロップの膜をまとったら、そばにある金属トレイに置いて熱を冷ます。しばらくするとシロップが固まり、キラキラしたガラスの膜のようになる。

気の利いた店では、木の塊に小さな穴をいくつも開けて、そこに糖葫芦を挿している。こうした陳列は懐かしい感じがするので、珍しそうに写真を撮ったり買ったりしていく人たちがいる。だが実は、私はあまり果物が好きではないので、それほど糖葫芦を買ったことがない。とはいえ、表面のシロップの膜は好きなので、一粒目の砂糖の膜だけを食べて甘味を堪能したあと、残りを人にあげることがある。こんなわがままな食べ方をしたことがあるのは、きっと私だけではないはずだ。

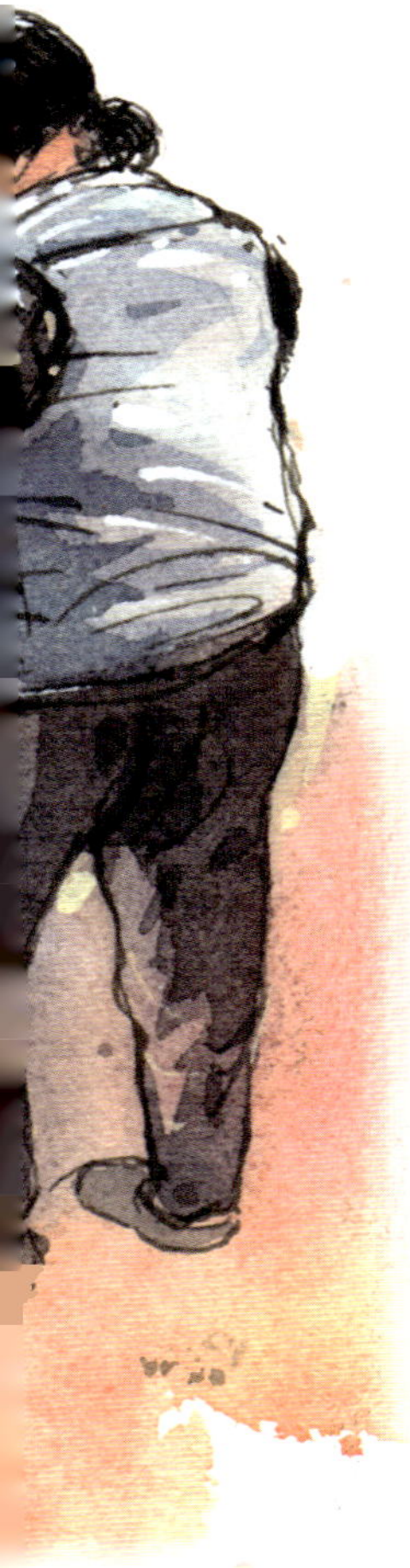

複合型の屋台

78 炭火焼き

台湾において、バーベキューはとても重要なレジャー活動だ。肉を金網にのせ、赤く燃える炭に肉汁が落ちるジュウジュウという音を聞きながら、炭火の熱気とおいしそうな香りを感じる。その過程のすべてにロマンと癒やしがあるのだ。休日に仲のよい友人と炭火を囲んでおしゃべりをするのは、とても幸せなことである。

そんな思い入れがあるからか、バーベキューというものは、いつも格別においしく感じる。だが、自分で炭火や食材を用意するのは大変だし、焼肉レストランは安くない。だから、バーベキューのおいしさを少しだけ味わいたいときには、「炭火焼き」の露店がぴったりだ。

炭火焼きの露店は夜に営業していることが多い。黄色い照明が食材を照らし、夜闇の中でさらにいい雰囲気に見える。店主は軍手をして、肉の刺さった串を注意深くひっくり返している。何でもない動きに見えるが、店主の魔法の手にかかるといつも格別においしく焼きあがり、ごく普通のさつま揚げでさえ、奥行きの深い忘れられない味になる。

調理場に煙が充満しないよう、上に換気扇がつけられている。そばにあるテーブルには、鶏モモ肉、ソーセージ、串刺し肉、サンマ、野菜など様々な食材が並んでおり、食材ごとに値段が書かれているので、客は財布と相談しながら食べたいものを選ぶことができる。若い頃はあまりお金がなかったので、米血糕《ミーシュエガオ》や鶏の尻の肉を一本だけ買い、よくよく噛みしめながら大事に食べたものだ。

魷魚
肉串
烤肉
20
25
70
20
25
100

複合型の屋台

79 塩酥鶏《イエンスージー》

「塩酥鶏」（各種揚げ物）の屋台には、看板に「台湾第一家」（台湾元祖）と書かれた店が多く、この言葉は塩酥鶏の代名詞のようになっている。だが、ほとんどの客はその店が本当に台湾元祖であるのかどうかなど気にせずに、近寄って台上に並ぶ食材を見る。こうした屋台で揚げてもらうイカ、さつま揚げ、ソーセージ、タロイモなどは格別においしいので、それぞれの食材に熱心な愛好者がいる。

注文するときは、欲しい食材を小さなカゴに入れていく。肉類などの重さで値段が決まる食材は、カゴに一切れだけ入れておくと、店主が一人前をはかって揚げてくれるという暗黙の了解がある。注文された順にその場で揚げていくので、屋台の周りには人だかりができていることが多い。規模の大きな屋台になると、混乱を避けるために番号札を配ることもある。

私としては「バジル」こそ、塩酥鶏の魂とも言える食材だと思う。食材を揚げる前、店主がバジルを一つかみ鍋に入れると、油がジュワッという音を立て、まるで何かの儀式を見ているかのようだ。揚がった食材は三角漏斗に入れ、胡椒を振って揺すり、紙袋に入れる。店によってはネギやニンニク、唐辛子を入れるかどうかを訊かれることもあり、自分好みの味に仕上げられる。

深夜に揚げ物を食べるのは、やや「罪悪感」を伴う行為なので、私はよく罪滅ぼしのため、野菜を何種類か選び、帰り道に緑茶を買う。だが、鶏の唐揚げを一口一口食べるうちに、そうした後ろめたさは霧のように消えていく。この気持ちに同感してくれる人は案外多いのではないだろうか。

鹽酥雞
台灣第一家鹽酥雞
現炸香雞排

複合型の屋台

80 焼きトウモロコシ

火鍋屋でも、焼肉屋でも、塩酥鶏《イエンスージー》の屋台でも、台湾ではあらゆる場所でトウモロコシを見かける。蒸したトウモロコシに塩を振るのもいいが、私はなんといっても焼きトウモロコシの味わいが大好きだ。

自宅のバーベキューで焼くトウモロコシと違い、露店では独自のタレが使われている。こうした店では、トウモロコシに濃厚なタレを塗りながら焼き、香ばしいにおいが出てきたところで、白ゴマを少々振りかける。少し焦げ目がついて甘いタレがたっぷり染みた焼きトウモロコシの味は、一口食べるだけで多くの人をとりこにする。かつて台湾では、「焼番麦《シャオファンマイ》」という焼きトウモロコシ味のスナック菓子が数十年もヒットし続けたが、このことからも、焼きトウモロコシが台湾人にとっていかに大切な味であるかが分かる。

挿絵の焼きトウモロコシの屋台は規模が大きめで陳列も複雑だ。テーブルの下には土台としてコンクリートブロック、屋根には大きな看板があり、ポリ袋や換気扇がぶら下がっている。ほとんどの店がトウモロコシ一本単位の価格設定だが、この店はさらに気が利いている。あらかじめサイズごとに分類し、カゴの前に価格を表示しているので、客は一目でいくらか分かり、無駄なやりとりをしなくてすむ。

烤玉米
1支45
3支125
1支50
3支140
1支55
3支150
1支60
3支165

複合型の屋台

81 焼き鳥

屏東市から墾丁までは約百キロメートルある。子どもの頃からいつも、この道のりは永遠に続くように感じるが、途中、楓港《ふうこう》付近の道路の両側に、焼き鳥と焼きイカの屋台がたくさん立ち並ぶ区間がある。車で通り過ぎる人たちの目を引くためか、どの屋台もとてもカラフルだ。私にとっては道中の目印のような存在でもあり、美しさを競い合うごとく焼き鳥の屋台が並ぶ光景が目に入るといつも、目的地までの距離を半分まで来たと分かる。

「烤鳥」（焼き鳥）の二文字が大きく書かれた看板が風で吹き飛ばされないよう、縄できつく縛りつけてある。とても目立つ光景なので、道端に車を停めて買っていく人が多く、観光地として楽しみ、記念写真を撮る人も少なくない。今では立派な名所となった。

かつて、この辺りの焼き鳥屋台の多くは、モズを捕らえて売っていたという。だがそれも三、四十年前までで、今では自然動物の保護意識も高まり、貴重な渡り鳥を捕ることはない。現在では、ウズラの焼き鳥を売っている屋台が多いという。

楓港では、地元に対する観光客の誤解を解くため、二〇〇九年に兵営跡を改造して「モズ生態展示館」を設立し、モズに関する資料の展示や環境保護の提唱に尽力している。屋台が集まって地元の産業を形成し、さらには名所、文化の発信地へと発展する事例として、楓港は代表的だと思う。

烤烏
阿嬤ㄟ古
碳烤
內有新鮮貨
烤烏
魷魚
烤烏

複合型の屋台

82 夜市のステーキ

夜市のステーキ屋の多くは敷地が広く、牛肉を焼く屋台を中心として、横に作業スペースがあり、助手が鉄板を熱したり、食べ物を盛りつけたりしている。二つの大きな寸胴鍋には、無料のコーンスープとアイスティーが入っている。これらは、夜市のステーキ屋に欠かせない定番の味である。

昔はステーキといえば贅沢の象徴で、高級な食べ物の代表であった。子どもがいい成績を取ったときや、誕生日などの特別な日でなければ、ステーキハウスに入ることはなかった。初めて牛肉のステーキを食べたとき、ナイフとフォークを使うのが珍しく、バタークリームのたっぷり入ったパンが極上のご馳走に思えた。ステーキが運ばれてくると、肉汁が鉄板皿の上でパチパチ躍っている。私は子どもながらに、見よう見まねでナプキンを胸の前に挟んだ。その雰囲気と儀式めいた所作は胸に深く刻みつけられた。

今でも「ステーキを食べる」ことのフォーマルな印象は失われていないが、台湾では最も庶民的な夜市にもステーキが進出している。仮設の屋台にテーブルと椅子をいくつか置くだけで、たちまち屋外ステーキハウスの完成だ。

夜市のステーキといえば、鉄板皿にのったステーキに黒胡椒ソースをたっぷりかけ、マカロニを添えて提供される。小さい頃からこのような「台湾式」ステーキを食べて育つと、大人になって「正統な」ステーキを食べたときに、黒胡椒ソースとマカロニがなくて、物足りなさを感じるかもしれない。

夜市のステーキの魂は、鉄板皿の上でパチパチと焼ける半熟卵だと思う。そのまま焼けるのを待って最後に食べる人もいるとは思うが、おそらく多くの人は私と同じように、頃合いを見計らって、黄身を崩さないように気をつけながら、ナイフとフォークでエイッと裏返すのではないだろうか。このコンマ数秒の「神聖な卵返しの時間」を他人に邪魔されようものなら、絶対に許せない！ 紳士的な態度で連れの女性のために卵をひっくり返すのを手伝い、素晴らしい腕前を披露する男性もいる。私にとって夜市のステーキとは、海外から入ってきた食文化が台湾で独自の発展を遂げた代表例の一つである。

牛排
濃湯紅茶免費
鐵板麵 60
鱈魚排 130
雞腿排 130
豬排 130
厚片牛排 200
牛排 130
牛排
冰紅茶
夜市牛排
濃湯

複合型の屋台

83 タマネギ

車で墾丁へ向かう途中に通り過ぎる特徴的な屋台といえば、菱の実、焼き鳥、緑豆蒜《リュードウスアン》（緑豆のスープ）などがどれも有名で、観光客はそれらを一つ一つ「コレクション」しながら目的地へ向かう。恒春《こうしゅん》への道中でよく売られているタマネギもその一つであり、当地の有名な特産品である。

面白いのは、観察してみると、南下する道路の右側に出来合いの食べ物を売る屋台があるのに対し、北上する道路の右側にタマネギの屋台があることに気づく。おそらく、観光を終えて北へ帰る人がお土産として買うことが多いので、こうした配置になっているのだろう。

タマネギの屋台は通常、道端に置かれた小型倉庫で、その中に陳列棚を作り、さらに机や椅子、パレットなどを組み合わせた上に、赤い網袋に入れたタマネギを並べていることが多い。山のように積み重なったタマネギはとても迫力があり、車で通る人たちの目を引きつける。台湾南部の日差しはきついので、店主たちがパラソルを立てて日陰で居眠りをしている姿も、この辺りの特徴的な風景の一つとなっている。

タマネギの収穫についての面白い話がある。台湾の軍隊は毎年、恒春一帯で実弾射撃の演習を行うが、地元住民との良好な関係を保つため、タマネギを収穫するための支援部隊を派遣しており、今や収穫時に欠かせない重要な人手になっているという。軍が地元産業を支援し、地元産業が軍の演習に協力する。これも一種の「軍は民を愛し、民は軍を敬う」精神の表れだと思う。

正港恒春
洋蔥
自產自銷
4包

複合型の屋台

84 自家製ソーダ

コーラやスプライトといった外国製のソーダが普及する以前、台湾で飲めるソーダといえば黒松沙士《ヘイソンサースー》、蘋果西打《ピングオシーダー》といった台湾メーカーのものや、瓶に入った名称不明のソーダだった。だが、こうした工場生産のもの以外に、ソーダが手作りできるとは、今まで本当に知らなかった。

嘉義市にある自家製ソーダの屋台は、自分の経営する店の前で、もう五十年余りも営業しているという。今の店主は二代目で、もともと一杯三元だったソーダは、現在一杯三十元になった。

作り方は、まずコップに砕いた氷を入れ、自家製ソーダを注ぎ、味付けにも自家製シロップやジャムを使う。そのため、一般的な市販のソーダとは味が異なり、ブドウ味のソーダにはレーズンも入っている。

以前は、黒松沙士のコーラに地鶏の卵を加えた隠しメニューがあり、喉の不調を和らげる効果があったそうだ。このような自家製ソーダの店は、今ではもうほとんど見かけない。もし嘉義市へ行く機会があれば、この店に足を運んでみてはいかがだろうか。

汽水伯
手工
柑仔
沙士
汽水
檸檬
鳳梨
汽水
橘子
沙士
葡萄
蘋果
汽水伯
手工
柑仔
沙士
葡萄
蘋果
汽水

複合型の屋台

85 革靴の修理

私の実家は屏東市の林森路《りんしんろ》にあるが、その辺りを通るたびに、道端の空き地にトラックの荷室が放置されているのが目に入った。特に気に留めていなかったが、あるとき後ろのドアが開いていて、なんと中は革靴修理の店になっていた！

　狭い空間に年配の店主が一人、小さな椅子に座って作業している。荷室の中には各種の修理道具がぶら下げられ、必要なものは何でも揃っている。注意深く観察すれば、精巧なミニチュアハウスが作れそうだ。

　この光景を前にして、私はふと『ハリーポッター』に登場する「必要の部屋」を連想した。外から見れば何も変わったところがないのに、ドアを開けて入るとそこには別の世界が広がっている。とても想像力をかき立てられるシチュエーションだ。小さい頃は、道端の廃屋を見るたびに、その古びた門をくぐれば恐竜のいる世界が広がっていて、「タケコプター」を頭にのせて冒険できるのではないかと想像していた。大人になり、そんな幻想を抱くことはなくなったが、少し想像力を膨らませて街を観察すれば、今までとは違う風景が見えてくることもある。

　スケッチのため各地を旅していると、時々こんなふうに道端の一角にひっそりとたたずむ屋台に出会うことがある。靴や鍵の修理、学生服に番号を刺繍《ししゅう》する屋台などだ。狭い空間には、商売道具と自分の技術だけで家族を養う「市井の達人」と呼べる人たちがひしめいている。

　こうした露店には看板がなく、ましてやネット広告などもない。広告や宣伝に重きを置くこのご時世において、これほど「控えめな」経営をする店があるとは信じがたい。最近では職人たちが高齢になり、物を大事に使う習慣も廃れ、修理サービスを営む露店はとても少なくなった。もし道端でこのような店を見かけたら、しっかりと目に焼きつけておくことをおすすめする。

修理
皮鞋

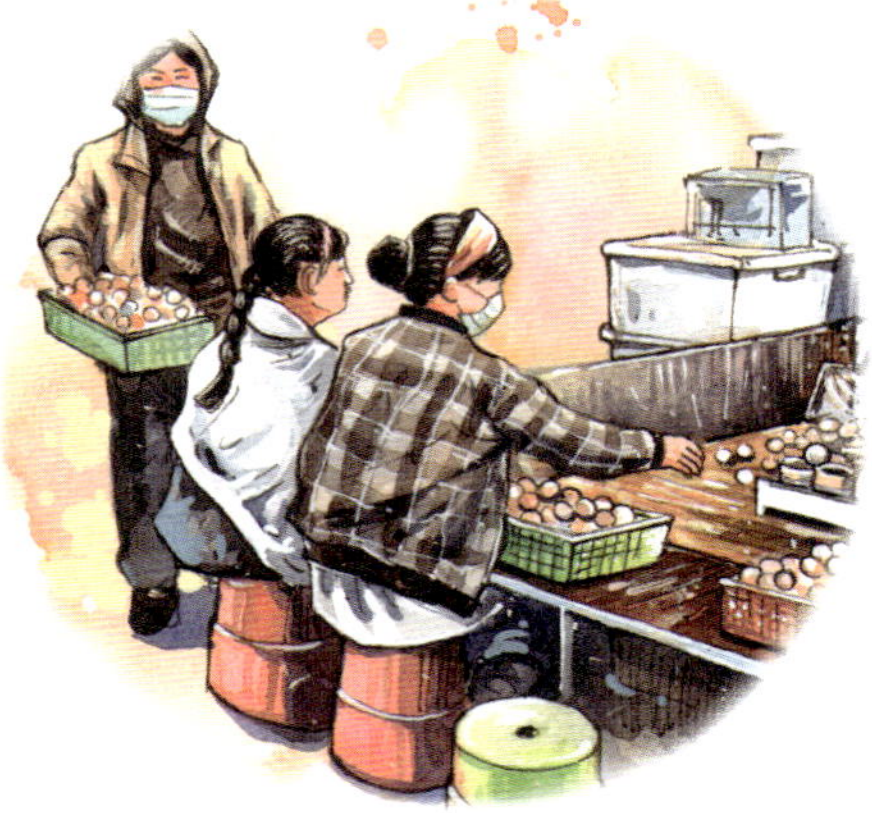

幼い自分に夢の一夜をプレゼント
してくれた、
音と光でいっぱいの、
夜市の懐かしい遊び。
巡る季節の、特別な時期にだけ
現れるあの店に、
今年もまた
巡り合えるだろうか?

PART 3

忘れられない時間

BAO

懐かしい遊び

昔の子どもはそれほど遊園地に行く機会がなかったので、夜市に臨時で設置された遊具施設がお気に入りだった。夜市に行ったときは、店を巡ったり、こうした遊具施設で遊んだりするのをとても楽しみにしていた。

これらの遊具施設は規模が大きく、必要な機材も多いので、まずはトラックで設備を特定の場所まで運んでから、組み立てや陳列を行う必要がある。昔の遊具は店主が自分で考案して作成したものが多かったので、精密さでは劣るものの、手作りの温かさと素朴さが感じられた。これらの遊具は技術の発展とともに、電子器具と結びつけたり、新たな遊び方が追加されたり、種類や機材が少しずつ変化してはいるが、今でも変わらず夜市やイベント会場で人々を引きつける。

物価の上昇により、露天の遊具施設の価格も百元を超えるようになってきた。かつては安くて楽しい子どもたちの「小さいけれど確かな幸せ」だった遊びが、現在では夜市の中でもやや高額な消費となってしまった。これも時代の変化の一つであろう。

懐かしい遊び

86 輪投げ

輪投げは私が小さい頃から好きな遊びだ。店の段上には様々な景品が陳列されていて、投げた竹の輪が引っかかった景品を獲得できる。景品には小さなプラスチックの玩具、陶器の飾り、大きな人形、ラジコンカーからワインまで、様々なものがある。安い景品は客の目の前に、高い景品は遠くて高いところに置かれている。

幼い頃の私は野心がなかったので、できるだけ前のほうにしゃがんで手を伸ばし、一番近くの陶器の人形を狙ったものだ。料金に見合ってはいないが、輪がうまく引っかかるだけでとても嬉しかった。回数をまとめ買いし、遠くに置かれたワインを狙って、下手な鉄砲も数撃てば当たる、とばかりに投げ続ける大人もいる。だがワインに命中する確率はとても低く、実際に手に入れた人をまだ見たことがない。

月日が流れても、輪投げの遊び方は基本的に変わらないものの、輪がだんだん小さくなり、命中率はさらに下がった。思うに輪投げというものは、景品をもらうことよりも、「投げる」行為でストレスを解消することが目的なのではないか。だとしたら、大人になるほど遠くへ投げたくなる人が多いのも、不思議ではない。

圈圈
買200 送50
買300 送100.

懐かしい遊び

87 パチンコ

幼い頃、週末に夜市へ行くたび、祖母の麺屋台の前にあるパチンコの屋台でいつも遊んだ。長い定規のような板を思いきり弾くと、パチンコ玉が発射されて台の右側にある軌道をのぼり、いくつもの通り道をくぐり抜け、最後は台の下方にある得点ごとのマスに入る。一回につき十個のパチンコ玉がもらえるが、最後の一個は色が異なり、追加得点がもらえる。得点マスの底には長板が挟まっており、遊び終えたらその板を引くだけでパチンコ玉がもとの位置に戻る仕掛けになっている。

昔のパチンコ台は店主の手作りが多かった。木板と釘で作る本体の他、上方の景品を置くスペース、玉の通り道、玉の落下する場所なども一つ一つ手で釘を打って作られていて、その器用さには感心させられる。だが、今では夜市のパチンコ台のほとんどは音と光の効果付きで、遊び方もばね仕掛けのレバーで玉を弾くものや、大人の行くパチンコ店の機械と同じようなタイプのものが多い。昔ながらの長板で玉を弾く木製のパチンコ台は、徐々に姿を消しつつある。

幼い頃を思い起こすと、私が手にした景品といえば、たいていコーラ味の飴や果物の絵の箱に入った丸いガムといった参加賞か、よくてもアスパラガスジュース一本ぐらいだったが、一度だけ一等の景品をもらったことがある。それは外国製のタバコ一箱だった。私はとても嬉しくて、祖父への贈り物にした。だが祖父は「長寿」ブランドの黄色い箱のタバコを愛用していたので、私があげた外国製のタバコを実際に吸ったのかどうかは今でも分からない。

懐かしい遊び

88 金魚すくい

日本の祭りでも台湾の夜市でも、金魚すくいは子どもたちに大人気だ。水槽に小さな魚をたくさん放ち、薄紙を張ったすくい網で水中の魚をすくって自分のボウルに入れるだけの遊びだが、薄紙は水に長く浸けすぎるとすぐに破れてしまう。子どもの頃はこの遊びが大好きだったものの、両親はいつも、すくった魚を家に持ち帰っても長くは生きられないと忠告していた。家の水槽や金魚鉢に入れても、魚たちのほとんどは翌日には死んでしまうのだ。

近年では、動物愛護の意識が高まり、こうした屋台を見た親たちは、生命教育のチャンスと考えて子どもたちを諭すようになった。屋台のほうも、ビニールプールに水を入れ、生きた魚の代わりにプラスチックの玩具の魚を泳がせ、磁石で釣ったり、すくい網ですくったりする方式に変えた。子どもの頃に体験した金魚すくいの思い出は忘れがたいが、時代の変化や意識の変化には逆らえず、徐々に過去の記憶となりつつある。金魚すくいの屋台が罰せられるというニュースが報じられ、衝撃を受けた人も少なくなかった。

撈魚

懐かしい遊び

89 水風船ダーツ

遊びの屋台には子どもから大人まで遊べるものが多い中、水風船のダーツはどちらかといえば大人に人気がある遊びで、簡単そうに見えて結構技術がいる。通常は一回につき、五本程度のダーツが渡される。壁板に取りつけられた水風船に狙いを定めさえすればいいと考えていたが、実際にやってみると水風船自体に弾力があるので、威力が足りないとダーツが弾き返されてしまう。経験によると、ダーツを投げる角度、正確さ、力のいずれが欠けてもうまくいかない。

最近では、水風船の代わりに空気の入った風船を使い、等間隔に穴が開いた発泡スチロールの枠に風船をはめ込んで、簡単に設置できるようにしている屋台も多い。さらにはダーツの代わりに一回十発の弾が入ったエアガンを使い、よりスピード感と爽快感を楽しめるようにしている店もある。このような店で、兵役で銃を扱った感覚を懐かしんだり、パートナーに射撃の腕前を披露したりする男性も多い。

うまく命中できれば、異性からの評価も上がるかもしれない。その魅力をアピールできそうな場所は、夜市の風船ダーツぐらいしかないのである。

天才小射手
每局50

懐かしい遊び

90 ピンポン玉投げ

ピンポン玉投げのゲームは簡単そうに見えるが、その実、ちっとも簡単ではない。ピンポン玉はあちこちに跳ぶので、前に置かれた筒に直接投げ入れるのは難しく、筒の手前に打ちつけて、その反動で入るようにしなくてはならない。「跳跳楽《ティアオティアオラー》（跳びはねゲーム）」という楽しい名前で呼ばれるのもそれが理由であるが、うまく成功させるには力加減と投げる角度、そして何より「運」がものを言う。

この遊びは一回百元くらいで、大きなカゴに百個のピンポン玉をくれるところが多い。老若男女、誰もが集中して、座ったままロボットのように同じ動作を繰り返す。玉が跳ね返る位置をじっと見て、力と角度を調整し、次の玉を投げる。やってみると、結構な気晴らしになる。

散らばったピンポン玉をどう回収するかというと、屋台の右側に置かれた送風機から常に風が吹いているので、ピンポン玉が左隅に集まり、店主は集まった玉を網ですくうだけでいい。とても賢い工夫だと思う。

懐かしい遊び

91 ストラックアウト

「ストラックアウト」というゲームの発祥は、日本のテレビ番組だという。ゲストとして呼ばれたプロ野球選手が九つのマスに板をはめた的《まと》に向けてボールを投げ、コントロールの技術を競うというものだ。さらにサッカー、バドミントン、テニスで競うバージョンも生まれた。

このゲームは台湾でも人気がある。打ち抜かれた的の数が多ければいいわけではなく、ビンゴゲームのように指定された的を打ち抜かなければ得点は入らない。キャッチボールが得意な大人や子どもたちにとっては腕前を披露するチャンスだ。

だが当然ながら、普段のキャッチボールとはやや勝手が異なる。距離も近いし、板の建て付け具合も成果に影響する。せっかくきれいなフォームで速球を投げても、的に命中しなければ点数を獲得できないし、コントロールばかりを気にして力が入らなければ、的を打ち抜くことはできない。力とコントロールのバランスが重要なのだ。

このようにゲームのコツを語りはしたが、実のところ、野球は門外漢なので、私は自分で投げるよりも友達が投げるところを見るほうが多い。自力では当たらないと分かっているので、無駄遣いをしなくてすんでいる。

1 2 3
4 5 6
7 8 9
1
4 6
7 8 9
1 2 3
4 5 6
7 8 9

懐かしい遊び

92 コイン式の乗り物

子どもはだいたいみんな、揺れたり音が出たりする乗り物の遊具が大好きだ。街中でよく見かけるのは揺れ動く馬や、くるくる回る小さな汽車など、その場に固定された電動の遊具が多い。だがもっと面白い、自分で運転して自由に移動できる遊具を置いている店もある。それがコイン式の乗り物だ。

こうした遊具の店は公園や空き地などの場所にあることが多く、店主は木陰に座って客待ちをしている。乗り物はイヌやクマなどの可愛い動物の形をしていて、コインを入れると四つ足に隠れていた車輪がゆっくりと動き出し、内蔵のスピーカーから音のひび割れた、高デシベルの童謡が繰り返し流される。保護者も一緒に乗るのは子どもの安全のためだが、ついでに童心に返って楽しむこともできる。こうした遊具は子どもの想像力を大いに満足させてくれる。私は子どもの頃、アニメの影響で、恐竜に乗って学校に行きたいとよく空想したものだ。実現するのは不可能だけれど、コイン式の乗り物に乗ることができれば、その夢が少し叶った気がした。

懐かしい遊び

93 ミニトレイン

ミニトレインの屋台は夜市のやや開けた場所にあり、子どもがよく知っているアニメキャラクターの列車が、円形の軌道を走り続けるというものが多い。いくつもの車両が線路上をぐるぐる回り、耳をつんざくような大音量の童謡が流れている。

このように童謡を聞きながら乗り物に乗るタイプの遊具は、常に子どもたちの人気を集めてきた。飾り物のハンドルなのに、世界の舵を握っているような気持ちになれる。私は子どもの頃にディズニーランドに行く機会はなかったが、こうした簡単な列車の遊具で充分に楽しさを味わえた。料金もそれほど高くないので、保護者も一緒に乗り、子どもが楽しむ姿をカメラに収めながら、つかの間の休息を得ることができる。

每次每人
50元
不限時間

MaruCorner COFFEE STAGE & BA
丸角後院
丸角後院
丸角

季節限定の露店

季節行事用の特別な商品は、普段はあまり使われないが、その季節には飛ぶように売れる。こうした商品を専門に扱う店にとって年に一度の書き入れ時となるため、臨時の屋台を出して戦いに備える。百貨店も、ビジネスチャンスを逃すまいと、そうした商品を大量に仕入れる。また、個人で仕入れて数日間だけ自宅の前で販売し、ちょっとしたお金を稼ぐ人までいる。

季節行事の商品の売れ行きを見れば、台湾人にとってこうしたイベントがいかに重要かが分かる。季節限定の露店は、とても台湾らしい風景の一つである。

季節限定の露店

94
春聯《チュンリエン》

毎年、春節の時期になると、各家庭で「古いものを片づけて新しいものを置く」習慣がある。大掃除には、家の穢《けが》れや不幸を掃き出して新しい気を呼び込む意味があるが、新しい「春聯」を貼ることも、大事な季節行事の一部である。

各家庭では、それぞれ自分たちの願いに近い内容の春聯を選び、玄関に貼る。商売を営む店や会社では、「生意興隆（商売繁盛）」や「財源滾滾（財運を呼び込む）」など、将来のビジネスチャンスへの期待を込めた内容が選ばれる。

春節の時期が近づくと、街中に春聯の屋台がたくさん現れて、陳列棚いっぱいに春聯がかけられる他、スーパーなどでも春節関連の商品が並び、売り場が赤一色になる。

春聯の内容をオーダーメードしたいなら、手書きで代筆してくれる店に行くといい。店主がその場でしたためる場合も多いので、通りすがりに腕前を見て、どこに頼むか決められる。書道の達人たちは春節の季節になると、とても忙しくなる。

代寫春聯
平安
幸福
生意興隆通四海

台湾にもダジャレを用いた笑い話は多いが、どうやら私たちの祖先もかなりダジャレが好きだったらしい。受験のときにチマキを食べるのは、「包粽《バオチョン》」（チマキを包む）を「包中《バオチョン》」（合格）にかけているからだし、お供え物にパイナップルやミカンを用意するのは、パイナップルの発音が「旺來《オンライ》」（繁栄）に、ミカンの発音が「吉《ジー》」に似ているからである。うっかり皿を割った人に対し、「歳歳平安《スイスイピンアン》」（今年も無事で過ごせますように）と慰めの言葉をかけるのも、「砕砕《スイスイ》」とかけているのだ。

季節限定の露店

95 年糕《ニエンガオ》

「年糕」とは、春節などに食べる正月餅のことだが、「年年高昇」の「年《ニエン》」、「発財高昇」の「高《ガオ》」をかけた名前であり、新しい年がさらによくなり、お金に困らないようにとの願いが込められている。春節前に勝負をかけて、一家総出で「年糕」作りに励む店もある。こうした店の後ろにはセイロが山のように積み上げられ、会計、包装、セイロの交換など、家族がそれぞれ自分の役割に専念している。

毎年大晦日になると、私は姉と協力して年糕を細切りにし、ワンタンの皮に包んで油で揚げた。パリパリの皮に包まれた甘くて軟らかい年糕は、年越しの日だけに食べられる特別なご馳走だった。

こうしたダジャレの縁起担ぎには何の根拠もないと考える人もいると思うが、少し見方を変えれば、予測できない未来への不安を、縁起のよい言葉で明るくしたいだけなのだと思う。年糕の一口が希望を与え、「歳歳平安」の一言が心の不安を取り除くなら、お安い御用だと思えばいいのだ。

菜頭粿
大20元
小10元

季節限定の露店

96 元宵《ユエンシャオ》

台湾では春節の締めくくりに元宵節《げんしょうせつ》が盛大に祝われ、各地の県や市が大型のランタンフェスティバルを開催するだけでなく、ランタンを空に浮かべる「天灯《てんとう》祭り」や、巨大な爆竹を鳴らす「蜂炮《フォンパオ》祭り」などの地方行事は観光客にも人気がある。子どもにとっての楽しみは、ランタンを手に街を歩き、「灯《ドン》迷《ミー》」というなぞなぞゲームに興じることだ。こうしたにぎわいの季節に忘れてはならない食べ物が、「元宵」である。

元宵と湯圓《タンユエン》は、どちらも見た目がそっくりな丸い団子なので、違いが分からない人も多いと思うが、最大の違いはその作り方だ。湯圓は手で「丸めて」作られ、それゆえに見た目や食感がもっちりとしている一方、元宵は「転がして」作られる。元宵の作り方は、まず中身に入れる餡を丸めて一つ一つ水に浸し、もち米粉の入った竹カゴに入れる。カゴを揺らして餡の玉を転がすと、その周りにもち米粉がついて徐々に大きくなり、ピンポン玉ぐらいになれば完成だ。こうしてできあがった元宵は表面が粉っぽく、食感はホロリとしている。両者を比べてみると、元宵はコロコロ転がす作り方なのでパフォーマンス性が高く、元宵節だけに見られる特別感もある。

だが最近では、元宵節にスーパーでパック入りの湯圓を買って、元宵の代わりに食べる家庭が多い。両者の区別がつかない人が増えたのは、無理もないことだろう。

季節限定の露店

97 春捲《チュンジュエン》の皮

台湾人は清明節《せいめいせつ》に「春捲」（中華風ラップサンド）を食べるが、一口に春捲といっても地域による違いがある。例えば、台湾北部では「潤餅《ルンピン》」と呼ばれることが多く、南部のものに比べると、中に包む食材がキャベツ、チャーシュー、肉鬆《ローソン》（肉でんぶ）、錦糸卵などベーシックなものが中心だ。一方、私の地元である南部では、ありとあらゆる具材を包み、鶏肉やソーセージにマスタードなど、ほぼ何でもアリだ。清明節に父が準備してくれたのは、豆干《ドウガン》、卵焼き、焼きそば、キュウリの細切りなどで、私はそれに砂糖をたっぷり入れるのが好きだった。

清明節の前の晩は、春捲の店が一年で最も忙しくなる日で、店舗の前に屋台を出し、人手を集めて皮を作る店もある。私は春捲の皮を作るところを見るのが大好きだ。料理人がとろりと流れ落ちそうな生地を手につかみ、タイミングを見計らい、熱い鉄板にくるくると円を描くように押し当てて、引きはがす。すると、薄いクレープを思わせる生地が焼きあがる。生地の塊はまるで生きているかのようで、私はこれを「料理人の手で躍る白いスライム」と呼んでいる。

この時期になると、有名な春捲の店には大量の客が押しかける。友人の父親が朝の四時半に春捲の老舗店に行ったところ、既に三十人以上が並んでいたという！「たかが春捲のためにばかばかしい、別の日に買えばいいじゃないか」と言う人もいるが、里帰り先の家族へのお土産として買う人や、その店の味を愛した故人のために買う人もいる。苦労して行列に並ぶのは、この日を大切に思うからだ。季節行事の伝統がだんだん失われつつある現在、このような気持ちを持つ人が残っていることに、私はとても感動する。

手工
春捲皮
春捲皮
一斤200

98 花火

季節限定の露店

台湾人にとって中秋節《ちゅうしゅうせつ》がどれほど大事なのか知りたければ、道路の渋滞ぶりを見るといい。私は連休のたび、テレビに映し出される高速道路の状態を見て、里帰りをする人たちの苦労をしのぶ。この季節には、私の住む屏東の街も路上駐車の車であふれ返る。

中秋節には、有名店の蛋黄酥《タンファンスー》（焼き菓子）が爆発的に売れ、子どもたちは文旦《ぶんたん》の皮で帽子を作る。だが私にとって、蛋黄酥や文旦にも増して中秋節を感じさせるものといえば、月を見ながらする「バーベキュー」であり、大人たちが全身汗だくで火を熾《おこ》すそばで、子どもたちが花火に興じる光景だ。

種類は手持ち花火が多く、まずは誰か一人が炭火から火種をもらったあと、他の子どもたちがそこから火を分けてもらうことが多い。みんなの花火がパチパチと燃え出すと、子どもたちはまるで妖精のように花火を振り回して駆け回るから、数秒も経たないうちに火が消えてしまう。花火が終わったあとの焦げ臭いにおいは、ずっと鼻の奥に残り続ける。

手持ち花火の他にも、ねずみ花火、打上花火、ロケット花火などがあり、遊び方も様々で、二組に分かれてロケット花火を打ち合うというものまであった。今思えば、当時の子どもたちはずいぶん危険な遊びをしていたものだ。

こうした需要があるので、中秋節には花火の屋台がたくさん現れ、宣伝ののぼり旗で通行人の目を引きつける。陳列台には色とりどりの花火が整然と並び、それぞれの花火の名前と価格が一目で分かるように表示されている。

花火の価格は安くないので、私は予算を考えながら、安くて長く遊べる手持ち花火を中心に、価格の高いねずみ花火やロケット花火は少しだけ買うことが多かった。店によっては花火だけではなくバーベキューの道具も売っていたので、夜にバーベキューをしたいとき、わざわざ大型スーパーに行かなくても、路地裏の露店でついでに買うことができた。

烤肉用具
特價!!
中秋煙火
中秋
煙火
本月強打
10支150
1支20
火箭
高空煙火
99元
勝利之花
12元
小仙女棒
20元
甩炮
19元
蝴蝶炮

季節限定の露店

99 花束

以前、知り合いに植物の好きな年配のご婦人がいて、時々私のアトリエに来て草花の手入れをしてくださったのだが、彼女はいつも「この花たちを、あと数日美しい姿で残しましょう」と言って、間引いた花々を大事そうに持ち帰っていった。とはいえ私自身は粗野な人間なので、彼女のような優雅な生活を送っているわけではなく、普段からあまり花を買わないし、花を見かけるのは一年のうちの特別な季節ぐらいである。

毎年バレンタインデーが近づく頃になると、花を取り扱う店などが、ここぞとばかりに販売に力を入れる。軒下や道端には臨時の露店が並び、きれいな花束が棚いっぱいに陳列される。中には可愛らしい人形や、金紙に包まれたフェレロ・ロシェのチョコレートがついた花束もある。色とりどりの花々が照明の光に照らされ、まるでおとぎ話に出てくる花畑のようだ。

花束の屋台は、バレンタインデーの他にも、花を贈るのにふさわしい時期に現れる。例えば、学校の卒業式では校門の前に花束の露店が集まるし、母の日が近づくと、道端にカーネーションの花束を売る店が現れる。

季節限定の露店

100 選挙グッズ

台湾人の選挙にかける熱い思いは、普段の生活のそこかしこに見て取れる。テレビでは毎日政治について議論する番組が放送されているし、友達と集まれば、すぐに政治の話になる。選挙の季節になると、街中にキャンペーンののぼり旗が立ち、普段は顔を見たこともない候補者たちが街頭で「清き一票」を懇願する。これらは台湾独特の選挙風景と言えるだろう。

選挙期間中、多くの露店で国旗をモチーフとしたグッズが売られ、店によっては候補者をデフォルメしたミニフィギュアまで置いてある。各政党のサポートイベントの会場に設置された店では、客もその場の雰囲気に影響され、商品があっという間に売りきれる。

こうした選挙関連グッズのうちでも印象深いのは、かつて「阿扁《アービエン》」の相性で親しまれた陳水扁《ちんすいへん》候補を応援する若者たちが、「阿扁人形」や「阿扁帽」を買い求め、それが「イケてる」行為と見なされたことだ。最近では、韓国瑜《かんこくゆ》候補を支持する人が彼のフィギュアを買い求めるなど、「韓流《かんりゅう》」ブームが巻き起こったことが記憶に新しい。

私にとって、国旗の図案や「台湾」の二文字がデカデカと印刷された服は、普段着にはならず、選挙が終われば二度と着ることがない。だから、こうした特殊な商品を買うときは、思い出を買ったのだと割りきるようにしている。普段は身に着けないとしても、支持する気持ちに変わりはないのだ。

一級包裝

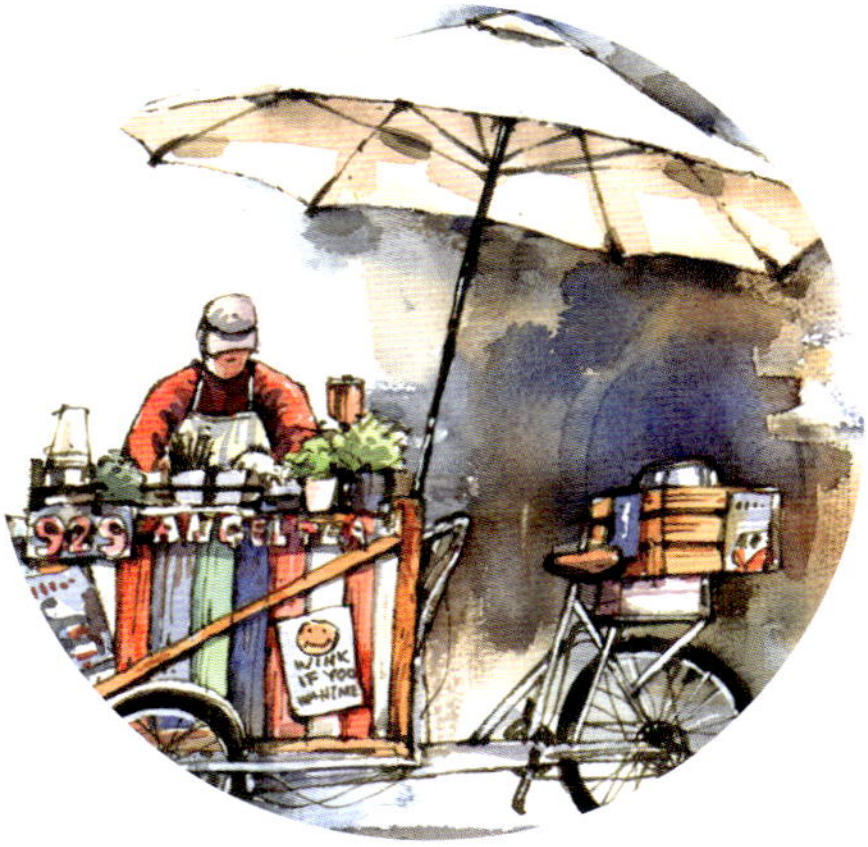

個性豊かな露店が集まって、
百花繚乱《ひゃっかりょうらん》の市場が生まれる。
挿絵の世界に入ったつもりで、
市場ごとの雰囲気の違いを
味わってみよう。

PART 4

露店が集まり
市場となる

夜市

屏東で生まれ育った私が、幼い頃に抱いていた「夜市」のイメージは、毎週日曜になると道路の両側に現れる移動式の露店だった。このように、道路の両側に露店が集まってできるタイプの市場のことを、屏東っ子たちは「商展《ションディエン》」と呼んだ。その後、政府が整備した特定の場所で営業するように露店に指導し、それが「夜市」となった。

夜市にはありとあらゆる種類の露店が集まる。商品の種類によるエリア分けもゆるやかで、スマホグッズの隣で焼きトウモロコシを売っていたり、服飾品店の向かいでタコ焼きを売っていたりするので、客は食べ物をあれこれつまみながら買い物をして、最後にやや開けた場所にあるゲームの露店に行くことが多い。どの店も注目を集めるために、看板だけでなく大きなのぼり旗を立てている。色とりどりの旗を遠くから眺めると、まるで日本の戦国武将たちが戦場に集まっているかのような迫力がある。

昔はデパートや商店街があまりなく、夜に遊ぶところといえば、夜市ぐらいだった。幼

い頃は、両親が時々私たち三人きょうだいを夜市に連れていき、綿菓子やソフトクリームを買ってくれたり、パチンコや列車の遊具で遊ばせてくれたりするのが楽しみだった。学生時代には、同級生とよくバイクで夜市に出かけた。当時、屏東の瑞光《ずいこう》夜市の周りにバイクを停めるのは難しく、夜市に入るといつもギュウギュウの人混みで、屏東の住人が全員夜市に集まっているのではないかと思うほどのにぎわいだった。

夜市における奇妙な光景といえば、かつては客寄せのために「ストリップショー」を売り物にする薬屋があり、店先で店主が薬の効果を大げさにうたい、妙齢の女性が台の上で身をくねらせていたことだ。だが、こっそり見に行ってみたところ、セクシーな光景は何も見られなかった。今では夜に遊びに行ける場所が増えたので、夜市の魅力は薄れつつあり、屏東で最もにぎやかだった瑞光夜市も閉鎖して久しい。だが、夜市は今も台湾文化の象徴として、多くの人の記憶に残り続けていると思う。

朝早くに市場に行くと、いつも人だかりができていて、道路の両側に様々な移動式の屋台が並ぶだけでなく、道路の真ん中に手押し車が出ていることもある。歩行者は屋台と屋台の間に自然とできた「通り道」を歩き、時々バイクがその間を駆け抜けていく。ごちゃごちゃとはしているが、活気にあふれた光景だ。

市場は五感を活発化させる場所だと思う。店の人の大きな売り声、客が値切る声や、隣り合う店の人たちが大声でおしゃべりする声が響き、食材の店、惣菜の店、乾物の店など、店によって異なる様々なにおいに、嗅覚が大いに刺激されるのだ。

視覚的にも、野菜の緑、肉類の赤、服飾店の壁にかけられた服や垂れ幕の看板など、見渡す限り様々な色があふれている。中でも、私は手書きの看板を観察するのが大好きだ。言

伝統市場

葉遣いがシンプルで、「俗っぽい」けれどインパクトがあるものが多く、店主のユーモアセンスや工夫の数々に、いつもクスリとさせられる。

市場は庶民の生活風景を内包していて、販売される商品、店主たちの方言やアクセント、客の服装などに地元文化の縮図を見ることができる。旅行先で「地元の雰囲気を感じたい」と考える人は多く、例えばトルコではスパイスバザール、日本の大阪では黒門市場へ行って海鮮料理を味わうコースが人気だ。もし外国の友人が台湾へ遊びに来るとしたら、私はまず各地の市場巡りをおすすめしたい。

年越し用品市場

旧正月の年越しに関する商品が売られる「年越し用品市場」も、特色のある市場の一つだ。来客用のお菓子、里帰りの手土産、家族や友人を招いて開く宴会のための食材など、各家庭で必要とする商品は、ほぼ何でもここで揃う。年越し用品が山のように積み上がるだけでなく、場所によっては伝統芸能や技術に関する催しが行われたり、軽食を売る屋台がたくさん並んだりするので、市場の中を歩くだけで、年越しの雰囲気を濃厚に感じることができる。

新年の時期には、財運の象徴である金色や、魔除けや幸運を象徴する赤色がよく用いられる。市場には赤いランタンが吊るされ、屋台には金子《きんす》をかたどった装飾品などが置かれている。さらには人目を引く看板や、真っ赤な春聯《チュンリエン》など、辺り一面がめでたい雰囲気

に包まれ、無意識のうちに購買意欲を刺激される。

店々にとって、年越し用品市場は一年のうちの勝負時であり、普通は地元の人や観光客が訪れやすい繁華街や伝統市場の近くで開かれることが多い。多くの店が参加を希望するので出店料が高くなるが、それでも参加できさえすれば、大きな稼ぎが期待できる。

人々にとって、年越し用品市場は買い出しをするためだけではなく、季節感を味わうための場所でもある。今の時代、食料品などは大型スーパーやインターネットでも買えるが、年越し気分を満喫するために、わざわざ毎年足を運ぶ人も多い。子どもからお年寄りまで家族全員で年越し用品市場に出かけることで、伝統行事が継承されていく。こうした情景にも、台湾人の生活習慣や文化への思いが映し出されていると思う。

「蚤《のみ》の市」こと中古品市場では、各種の古い不用品が売られている。出所が分からない商品も多いので、「賊の市」とも呼ばれる。真偽のほどは分からないが、写真を撮られるのを嫌がる店が多いことも、中古品市場の謎めいた印象を強めている。

このような市場は高架橋の下や、屋根のない場所などにあり、地面に商品を広げるタイプの店が多い。店と店の間には仕切りがないので、背の高い商品を置いて互いの空間を隔てている。各店の取扱商品は、録音テープ、「大同宝宝《ダートンバオバオ》」人形（台湾の老舗電機メーカーのマスコット）、盆栽、玉器《ぎょっき》など様々で、湿気と日差しでセピア色になった絵画が、レトロな雰囲気を醸し出していることもある。錆《さ》びた工具、ヒノキ、古い家具の放つ樟脳などが混ざったにおいが漂っている。

近年では、老朽化した日本式家屋の取り壊しの際に撤去された欄間《らんま》、黒瓦、陶器のガイシなどの建築材料や、住人が

中古品市場

引っ越しの際に残していったヒノキのたんすなども、よく中古品市場に出回っている。古民家の修復やリノベーションが盛んな昨今、このような古い家具の人気が高まっているためだ。インターネット上でも古物を販売するコミュニティが増え、値段の比較や購入をするのも便利になった。これも中古品市場の変化と言えるだろう。

中古品の値段は売り手が自由につけられるので、私も最初の頃は騙されるのではないかとビクビクしていたが、慣れてくると、それほど心配しなくてもいいと思うようになった。なぜなら中古品市場の楽しみは「探す過程」にあるからだ。あまり期待をせず、眺めながらぶらぶらしていると、時折思いもかけないものに出会うことがある。定価はなく、すべては売り手が決めるので、もし気に入ったものがあれば値段を尋ね、許容できると思えば買えばいいし、無理なら諦めればいい。そうしていくつもの店を比較していると、だんだんと「目が利く」ようになってくるものだ。

ハンドメイドマルシェ

創作活動を行う人の多くが、「自分の店を持ちたい」という夢を持っている。道端や地下鉄駅の近くでは、小さなスタンドに革のトランクを置き、自分の作品を販売している人たちをよく見かける。高雄市の文化センターに隣接する通りでは、毎週末にハンドメイドマルシェが開かれ、有名な観光地となっている。私は大学を卒業したばかりの頃、このような露店にとても興味があった。その後、実際に屏東の潮州《ちょうしゅう》夜市で露店を出したこともあり、一生忘れられない貴重な経験となった。

あれからずいぶん時が流れ、近年のハンドメイドマルシェは昔よりもかなり大規模になり、それぞれの露店が個性豊かであるだけでなく、主催者が企画段階から「キュレーション」の意識を持ち、イベントごとの特色や雰囲気を作り出そうとしている。

イベントによっては、自転車屋台やトラック屋台といった出店形態を限定し、出店者の選考時に屋台の外観や雰囲気がイベントのテーマに合っているか、パラソルやテーブルクロスの色彩や素材が規定に合っているかをチェックして、イベント全体で統一感を出すこともある。

私たちが生活する環境は、まるで野外美術館のように、知らず知らずのうちに私たちの美的感覚に影響を与えている。ハンドメイドマルシェは、全体的な雰囲気として、他の種類の市場よりも質感や美的感覚を重視している。私から見ると、若い世代の感覚に近く、奔放な活力に満ちていて、多元性やオリジナリティを象徴している。美的センスへのこだわりが強いのも、現代の若者に共通する価値観だ。これも新たな世代の市場の一種と言えると思う。

後書き

露店を通じて見えるもの

生活の厳しさを目の当たりにする

私たちの生活に関する様々な業種の多くは、露店や屋台の形で営業されているが、中には歩道を占拠したり、営業許可を得ていなかったり、景観を乱したり、騒音を立てたりと、法律上はグレーな行為をしている店もある。警察は法律と秩序を守るため、そうした店に注意や処罰を与えなければならないが、こうした営業行為の背後には、深く考えるべき社会問題がある。

資料収集や執筆の過程で、露店の人たちに話を聞いてみて初めて、店の営業には、天気の影響、客足が少ないのではないかという不安がつきまとうだけでなく、警察との「暗黙の了解」ができていなければならないと知った。そういえば、夜市で買い物をしているときに、道路の中央に集まっている露店がそわそわし出し、屋台車を近くの路地裏に移動し始めると、しばらくして警察が「ゆっくり」こちらへ巡回しに来ることが多かった気がする。警察が「形式上」の巡回を終えたあと、屋台車はまたもとの位置に戻り、市場は喧騒を取り戻した。

最近では、街の景観や路上の権利を重視する意識が高まり、道端の露店を見かけたときにまず「これは合法なのだろうか?」と考える人が増えたし、写真撮影による検挙事例も増えたので、店主たちも警戒するようになった。だから、私が街の風景を撮影しようとしてカメラを構えると、撮影を拒まれることも多かった。このような社会の空気の中で、露店が生き残っていくことは簡単ではない。

法律違反や道路の占拠といった行為を擁護するわけではないが、このような議論が露天商と歩行者の対立を生むことも望まない。本書を執筆する過程では、法律と人情の間で常に心を揺さぶられたとはいえ、それでも私は「より温かい心で、露店や屋台を営む人の苦労に寄り添えないだろうか?」と考えてきた。

総じてよく考えてみると、露店とは、常に天候、人通り、法律に左右される一種の賭けのような商売で、各種の突発的状況が常に起こり得る。多くの露天商が暦どおりに神様への供え物を欠かさないのも、多くの不確定要素があるからだと考えれば納得できる。未知の変数をコントロールできないなら、自分で努力するだけでなく、天に祈る必要があるのだ。

独特の文化的風景

露店の営業方法に多くの問題があるのは確かだが、その存在こそが台湾の風景に活気を与え、「人間味」を加えているのもまた事実だ。最近では、街の景観や衛生を保つため、斬新な繁華街を整備し、乱雑な屋台街を片づける政策を取っている地域も多い。それらは善意による政策であるものの、きれいに整備された繁華街はかつての活気を失い、古くからの客が離れつつある。面白いのは、私たちが外国へ旅行するときには、地元の市場や露店から立ちのぼる「生活の煙」に心惹かれ、そういう地元の人の生活が感じられる場所へ行きたがることだ。こうした態度の矛盾について、私たちはしっかりと考えてみるべきだろう。もしかすると、大ナタを振るうように自分たちの庶民的な文化を一掃してしまうよりも、新たな価値観と古い形態との間でバランスを取ることこそ、私たちが努力するべき方向性なのではないだろうか。

時代の移り変わりも、本書を執筆する際に深く感じたことの一つだ。古くからある露店の店主が高齢になっても、子どもや孫はこうした経営を受け継ぎたくない。デリバリーサービスの普及でビジネスモデルも徐々に変わり、多くの屋台がインターネット上のサイトなどを通じて販売するようになってきた。また、新型コロナウイルス感染症の流行もこの傾向に拍車をかけ、「フードパンダ」と「Uber Eats」が台湾の二大「軽食サービス」とも言える状況になった（執筆時）。そのため、露店の消失が加速化しており、この状況は既に不可逆的であるように見える。

人々はより便利な生活スタイルを求めている。何年か後には、露店や屋台といった営業スタイルは、人々の記憶に残るだけの存在になるかもしれない。私たちは、現代の便利さを享受すると同時に、こうした台湾独特の文化的風景を忘れず、いつも振り返るようにしたい。

かつて存在した屏東の瑞光夜市を描いてみた。ここには私の思い出が詰まっている。

訳者あとがき

本書は、温かみのある水彩画とオリジナルエッセイで台湾の露店を紹介する、鄭開翔著『百攤台湾』（遠流出版、二〇二三年）の日本語訳である。

鄭開翔氏は、台湾の街並みを題材としたスケッチ画や水彩画で知られる台湾出身の画家であり、台湾の街角の建物を題材としたスケッチ・エッセイ集『台湾 路地裏名建築さんぽ』（エクスナレッジ、二〇二〇年）や、アーバンスケッチの技法を解説する『速写台湾』（遠流出版、二〇二〇年、未訳）などの著書がある他、台湾の雑誌や企業コラボレーションなどで幅広く活躍する新進気鋭のアーティストだ。

本書の最大の魅力は、なんといっても鄭開翔氏の手による一枚一枚のスケッチ画である。「台湾らしい」風景をそのまま切り取ったかのような、温かみのある作風や確かなデッサン力に定評のある鄭開翔氏だが、本書ではこれまでの作品に比べてもさらに、露店を取り巻く「人」に焦点が当てられ、それぞれのスケッチ画にストーリー性が込められている。

例えば「白木蓮の花」や「菜燕と麻糬」の挿絵からは、店主とお客との温かなやりとりが聞こえてきそうであるし、「靴の修理」や「ファスナー交換」の店の静かなたたずまいからは、長年黙々と仕事に取り組む職人の威厳を感じる。また、「焼仙草」の屋台風景を眺めていれば、寒い冬に温かさを求めるお客さんの気持ちに思わず共感してしまうし、「選挙グッズ」や「年越し用品市場」のにぎわいぶりを見ていると、まるで自分がその場に居合わせているような気持ちになってくる。

そして、本書のもう一つの魅力は、それぞれのスケッチ画に添えられた、鄭開翔氏によるオリジナルエッセイである。筆者の体験に基づくエピソードは、特にクスリと、ときにホロリとさせられるだけでなく、社会情勢について考えさせられたり、「なるほど」と思わされたりして、読んでいて飽きることがないのであるが、それにも増して興味深いのは、筆者の「プロの画家」ならではの視点を追体験できることである。

旅行や留学、仕事などで台湾に足を運んだことのある読者であれば、本書のページをめくるうちに、「あ、これは見たことがある！」と思える露店がいくつも見つかることだろう。そして、長年台湾に通い続ける台湾フリークの方であっても、「へえ、こんな店もあったのか」という新たな発見が得られることだと思う。旅の思い出に浸るも良し、まだ見ぬ土地に思いをはせるのも良し。日本の読者の皆さんにとって、本書は台湾露店の魅力をさらに発見するきっかけになるはずだ。

二〇二五年一月　訳者

［絵・文］
鄭開翔《ジョン・カイシアン》

1982年台湾・屏東市生まれ。台湾の街並みを題材としたスケッチ画や水彩画で知られる新進気鋭のアーティスト。政治作戦学校（現・政治作戦学院）芸術学部卒業後、屏東大学大学院視覚芸術学修士課程に進学。邦訳書に『台湾 路地裏名建築さんぽ』（エクスナレッジ）がある。

［訳者］
出雲阿里《いずもの・おさと》

中国語翻訳者。島根県生まれ。台湾にて中国語翻訳等の活動に従事。訳書に『台湾の妖怪図鑑』（原書房）がある。

イラストで見《み》る

台湾《たいわん》　屋台《やたい》と露店《ろてん》の図鑑《ずかん》

日用品《にちようひん》から懐《なつ》かしい味《あじ》や遊《あそ》びまで

2025年2月16日　第1刷

［絵・文］
鄭開翔《ジョンカイシアン》

［訳者］
出雲阿里《いずものおさと》

ブックデザイン
松山はるみ

発行者
成瀬雅人

発行所
株式会社原書房
〒160-0022 東京都新宿区新宿 1-25-13
電話・代表 03(3354)0685
http://www.harashobo.co.jp
振替・00150-6-151594

印刷
シナノ印刷株式会社

製本
東京美術紙工協業組合

 ISBN 978-4-562-07499-0 Printed in Japan